BIBLIOTHÈQUE SPÉCIALE DE LA SOCIÉTÉ
DES
AUTEURS ET COMPOSITEURS DRAMATIQUES
Agent général : LOUIS LACOUR

LES TREIZE

DRAME EN CINQ ACTES, SIX TABLEAUX

Tiré du Roman de

H. DE BALZAC

PAR MM.

FERDINAND DUGUÉ ET G. PEAUCELLIER

PARIS
LIBRAIRIE DRAMATIQUE
10, RUE DE LA BOURSE, 10

1868

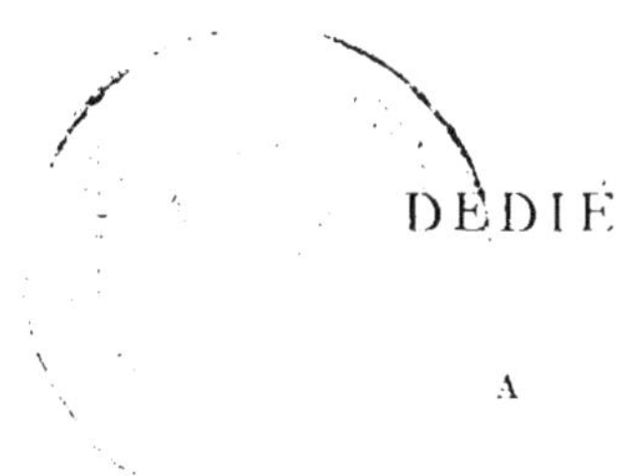

DÉDIÉ

A

M. L. DUMAINE

Qui a si vaillamment contribué, comme Directeur et comme Artiste, au succès de ce drame.

OUVRAGES DRAMATIQUES

DE

M. FERDINAND DUGUÉ

Castille et Léon, 5 a. en vers.
Gaiffer, 5 actes en vers.
Les Pharaons, 5 actes en vers.
Le Béarnais, 3 actes en vers.
L'Ile Déserte, 3 actes en vers.
France de Simiers, 5 a. en vers.
Mathurin Régnier, 5 a. en vers.
La Misère, 5 actes en prose.
Salvator Rosa, 5 actes en prose.
Monsieur Pinchard, 5 a. en pr.
Roquelaure, 5 actes en prose.
La Prière des Naufragés, 5 a. p.
Le Juif de Venise, 5 a. en prose.
Les Amours Maudits, 5 a. en pr.
André le Mineur, 5 a. en prose.
Le Paradis Perdu, 5 a. en prose.
William Shakspeare, 5 a. en pr.
Le Père aux Écus, 5 a. en prose.
Cartouche, 5 actes en prose.
Les Fugitifs, 5 actes en prose.
La Fille du Tintoret, 5 a. en pr.
Les Pirates de la Savane, 5 a. p.
Le Marchand de Coco, 5 a. pr.
La Fille des Chiffonniers, 5 a. p.
Le Cheval Fantôme, 5 a. prose.
Les Trente-Deux Duels, 5 a. pr.
Le Monstre et le Magicien, 5 a. p.
La Bouquetière des Innocents, 5 a.
L'Enfant de la Fronde, 5 a. pr.
Le Château de Pontalec, 5 a. pr.
Les Mystères du Vieux Paris, 5 a. p.
Marie de Mancini, 5 a. en prose.

LES

TREIZE

DRAME EN CINQ ACTES, SIX TABLEAUX

Tiré du roman de

H. DE BALZAC

PAR MM.

FERDINAND DUGUÉ ET G. PEAUCELLIER

Représenté pour la première fois, à Paris, sur le théâtre de la Gaîté, le 28 décembre 1867.

PARIS

LIBRAIRIE DRAMATIQUE

10, RUE DE LA BOURSE, 10

1868

PERSONNAGES

FERRAGUS (grand 1er rôle).....................	MM.	DUMAINE.
ARMAND DE MONRIVEAU (jeune 1er rôle)...		LACRESSONNIÈRE.
DE MAULINCOUR (1er comique)...............		LACROIX.
DE RONQUEROLLES..........................		JOUANNY.
DE MARSAY....................................		REYKERS.
PAUL DESMARETZ............................		MANUEL.
LUCIEN..		HENRY.
UN LAQUAIS..................................		COLLEUILLE.
UN GAMIN.....................................		BAUDU jeune.
UN ÉTUDIANT................................		MALLET.
UN CHIFFONNIER...........................		CHEVALLIER.
UN VIEUX BEAU.............................		THIERRY.
UN GARÇON DE BANQUE...................		HÉNICLE.
LA DUCHESSE DE LANGEAIS (1er rôle)....	Mmes	LIA-FÉLIX.
CLÉMENCE DESMARETZ (forte jeune 1re)...		J. CLARENCE.
LA COMTESSE DE SÉRIZY (coquette)......		F. DELORME.
LA MÈRE GRUGET (duègne).................		JEAULT.
IDA GRUGET.................................		ADORCY.
UNE DAME, UNE FEMME DE CHAMBRE.		LÉONTINE.

Nº 1. — Paris. — Typographie Morris et Comp., rue Amelot, 64.

LES TREIZE

ACTE PREMIER

LA MAISON DE LA RUE SOLY

Le théâtre représente l'entrée intérieure de la maison de la rue Soly. Au fond, la porte cochère ; d'un côté de la voûte, la loge de la mère Gruget ; de l'autre, les premières marches d'un escalier conduisant dans une aile de la maison. Au lever du rideau, la mère Gruget finit de balayer l'escalier.

—

SCÈNE PREMIÈRE

LA MÈRE GRUGET, *seule.*

Dieu de Dieu !... qué chien de métier que l' métier de portière ! et pas moyen d' tricher sur le coup de balai, depuis que mossieu Ferragus reçoit quasiment tous les jours en cachette c'te belle petite dame tout attifée de velours et de soie !... n'y a pas à dire, faut que la pauvre mère Gruget fasse reluire l'escalier comme un salon, car c'est un maître qui se fait joliment obéir, mossieu Ferragus !... Quand il me parle, ça me donne des tremblements dans les jambes, et rien qu'en me regardant il me ferait entrer dans un trou de souris... Tiens, à propos de souris, v'là Moumoune qui demande sa pâtée et faut pas la faire attendre... Bon, v'là mes serins qui se fâchent à présent ?... C'est y drôle, les bêtes ! j' peux pas en dorelotter une sans que toutes les autres soient jalouses !... V'là du mouron... na... êtes-vous contents... Si on ne jurerait pas qui me font une risette !... A la bonne heure, les serins ! ça n'est pas ingrat comme les enfants... Ah ! ces gueuses d'enfants ! Dire que ma fille Ida n'est pas rentrée à la maison depuis cinque jours et qu'elle ne m'a pas seulement donné de ses nouvelles par la posse !... Dieu de Dieu !... qué jeunesse incohérente que celle que nous avons faite! c'est pas notre plus bel éloge... Pauvre fillette, malgré ses inconséquences, on l'idole tout d' même. (*Ida Gruget, type de la grisette parisienne, est entrée sans bruit: elle s'approche de sa mère et l'embrasse sur le cou.*)

SCÈNE II

LA MÈRE GRUGET, IDA.

LA MÈRE GRUGET, *levant son balai.*

Saperlotte!

IDA.

Bonjour, maman.

LA MÈRE GRUGET.

Quien! c'est toi...

IDA.

Mais oui... Ça va bien? moi aussi.

LA MÈRE GRUGET.

Et par où qu' t'es entrée?...

IDA.

Dame! par la porte...

LA MÈRE GRUGET.

J' l'avais donc laissée ouverte...

IDA.

Il paraît...

LA MÈRE GRUGET, *courant refermer la porte.*

Ah! j'aurais été dans de beaux draps si mossieu Ferragus s'en était aperçu...

IDA.

Soyez tranquille, on ne le lui dira pas à mossieu Ferragus.

LA MÈRE GRUGET.

Y n' manquerait pus qu' ça, qu'on le lui disse.

IDA.

Donnez-moi ma clef, maman, que je monte à ma chambre.

LA MÈRE GRUGET.

Ta clef?...

IDA.

Eh bien oui, ma clef...

LA MÈRE GRUGET.

Mais, petite malheureuse, y a cinque jours qu'elle est là.

IDA.

Ah! si vous grognez, je m'en retourne..

LA MÈRE GRUGET

Voyons, d'où que tu viens?

IDA.

De l'atelier donc!

LA MÈRE GRUGET.

T'en as menti!...

IDA.

Eh bien, j'ai fait des brioches, c'est vrai... mais il ne faut pas m'en parler; je suis déjà assez furieuse...

LA MÈRE GRUGET.

De quoi qu' t'es furieuse ?...

IDA.

Si vous croyez que je me suis amusée, vous vous trompez joliment...

LA MÈRE GRUGET.

Mais enfin qué qu' tas fait?...

IDA.

J'ai passé ma vie à courir après un gredin que j'ai la faiblesse d'adorer et qui m'a plantée là.

LA MÈRE GRUGET.

Ah! ces scélérats d'hommes, ils ne valent pas mieux que de mon temps...

IDA.

Je vous ai dit, il y a un mois environ, que j'avais eu la bêtise d'écouter un jeune homme de la haute, M. Auguste de Maulincour; il me menait dîner au *Cadran bleu!...* Je roulais en voiture comme une princesse, et le soir, nous allions ensemble à Franconi!...

LA MÈRE GRUGET.

A Franconi!...

IDA.

C'était très-gentil!... mais patatras, voilà qu'à la suite d'une scène où j'avais crié un peu fort, où je l'avais même griffé assez volontiers, il a disparu comme un lâche!... Qu'est-ce que vous en dites, hein! maman?...

LA MÈRE GRUGET.

Eh ben, j' dis qu'c'est eune punition...

IDA.

Pourquoi donc ça?...

LA MÈRE GRUGET.

Pasque tu te conduis trop mal avec moi, qu' a toujours été bonne mère, à s'ôter le pain de la bouche et à te fourrer tout...

IDA, *cherchant à l'embrasser.*

Aussi on vous aime bien, maman...

LA MÈRE GRUGET, *finissant par céder.*

Oui, oui, c'est bon... Ah! ces chiens d'enfants! ça vient, ça vous câline, ça vous dit : Bonjour, maman!... Et v'là leux devoirs remplis envers l'auteur de ses jours. Va comme je te pousse. Y s' moquent de nous comme de Colin Tampon. (*Elle s'efforce de pleurer, et, en tirant son mouchoir de sa poche, elle en fait tomber un papier.*)

IDA.

Vous perdez quelque chose, maman.

LA MÈRE GRUGET, *relevant vivement le papier.*

C'est ma quittance de mes impositions...

IDA, *à part.*

Oui, un billet de loterie!

LA MÈRE GRUGET.

Finablement, si j'ai vendu mes couverts et que je mange maintenant, à mon âge, dans du métal allemand, ça a été pour payer ton apprentissage, pour te donner un état où tu feras de l'or si tu voulais, car tu tiens d' moi, t'es adroite comme une fée!...

IDA.

Ah! au diable la passementerie! J'aime mieux courir après mon Auguste, et si jamais je le retrouve, il me payera bon ce tour-là! Donnez-moi ma clef, maman.

LA MÈRE GRUGET.

Quien, la v'là!

IDA.

Merci, maman Grognon. (*Elle s'éloigne en fredonnant.*)

Grenadier que tu m'affliges
En m'apprenant. .

LA MÈRE GRUGET.

Chut!

IDA.

Ton départ...

LA MÈRE GRUGET.

Veux-tu bien te taire?...

IDA.

On ne peut plus chanter à présent?...

LA MÈRE GRUGET.

Non...

IDA.

Pourquoi donc ça?...

LA MÈRE GRUGET.

Pasqu'y a de la mort dans la maison.

IDA.

Ah! vraiment, et qui donc?

LA MÈRE GRUGET.

Tu sais ben... c' pauvre homme du cintième..

IDA.

Le père Vivien?...

LA MÈRE GRUGET.

Il est défunt de c'te nuit.

IDA.

Tiens, c' pauvre vieux! Ah! bah! après tout, c'est un malheureux de moins, car il était tout à fait sans ressources, il ne vivait que d'aumônes, et on ne savait même pas qui il était, ni d'où il venait... C'est égal, je n'ai plus envie de chanter... A tout à l'heure, maman... (*Elle entre dans la partie de la maison qui se trouve derrière la loge.*)

LA MÈRE GRUGET, *seule.*

Moi, j' vas serrer mon billet de loterie... Ida n' s'a douté de rien... si j' gagnais le gros lot, tout de même... Bon, v'là Moumoune qui s' débarbouille pardessus l'oreille... Y va encore tomber une giboulée... (*On frappe vivement à la porte cochère et la mère Gruget tire le cordon; Clémence entre précipitamment, referme la porte derrière elle et s'arrête en écoutant.*)

SCÈNE III

LA MÈRE GRUGET, CLÉMENCE.

CLÉMENCE, *à part.*

Ah ! j'ai peur !... Cette fois, j'en suis sûre, j'étais suivie !... Je n'entends plus rien; il ne passe plus personne dans la rue... Allons ! il faut reprendre courage !...

LA MÈRE GRUGET, *à part.*

Quien, c'est la visite à mossieu Ferragus !...

CLÉMENCE, *à part.*

Mais quel est donc son but à cet homme?... (*Haut.*) Monsieur Ferragus est-il chez lui ?...

LA MÈRE GRUGET.

Il y est, ma petite dame.

CLÉMENCE.

Seul ?

LA MÈRE GRUGET.

Seul.

CLÉMENCE.

Je vous remercie. (*Elle s'engage dans l'escalier et disparaît.*)

LA MÈRE GRUGET.

Ah ! y doit y avoir encore queuque mystère là-dessous; mais c'est pas moi qui chercherai à le découvrir... momus... pas si bête... J' sais trop ce qu'il en coûte à vouloir s' mêler des affaires de mossieu Ferragus et de ses amis... (*On frappe à la porte.*) Encore? Ah çà! mais, c'est comme une procession aujourdhui... (*Elle tire le cordon, Maulincour entre.*)

SCÈNE IV

LA MÈRE GRUGET, MAULINCOUR.

MAULINCOUR, *à part.*

C'est ici qu'elle est entrée, j'en suis sûr... Elle, si belle, si vertueuse, j'allais dire si prude; elle qui a toute la confiance d'un mari, toute l'estime du monde, madame Paul Desmarets, enfin... seule, à pied, voilée, dans un quartier pareil, dans une maison comme celle-ci !...

LA MÈRE GRUGET.

Que voulez-vous, monsieur ? que demandez-vous ?...

MAULINCOUR, *à part.*

Oh ! je saurai ce qu'elle y vient faire !... je le saurai, aussi vrai que je m'appelle Auguste de Maulincour !...

LA MÈRE GRUGET.

Ah çà ! monsieur, allez-vous me répondre à la fin ?...

MAULINCOUR.

Madame est portière ?...

LA MÈRE GRUGET.

Vous pourriez bien dire concierge sans vous écorcher la bouche.

MAULINCOUR.

Mille pardons... concierge !... Vous avez là de charmants oiseaux, madame la concierge, et un bien beau chat... Oh ! l'admirable chat !...

LA MÈRE GRUGET.

C'est eune chatte.

MAULINCOUR.

Et vous l'appelez ?...

LA MÈRE GRUGET.

Moumoune.

MAULINCOUR.

Moumoune... un fort joli nom !... (*Prenant une chaise pour s'asseoir.*) Vous permettez ?...

LA MÈRE GRUGET.

Mais pas du tout...

MAULINCOUR, *s'asseyant.*

Merci !... je serais au désespoir, du reste, de vous déranger en quoi que ce soit... (*Baissant la voix.*) Et pour prix de votre gracieuse hospitalité, madame la concierge, je vous prierai en grâce d'accepter ceci... (*Il lui glisse de l'argent dans la main.*)

LA MÈRE GRUGET.

Deux jaunets... à moi !... Ah çà ! pour qui donc que vous me prenez ?...

MAULINCOUR.

Mais pour ce que vous êtes...

LA MÈRE GRUGET.

Comment ?... pour ce que je suis ?...

MAULINCOUR.

Pour la plus aimable, pour la plus obligeante des port... des concierges...

LA MÈRE GRUGET.

Ta, ta, ta.

MAULINCOUR, *à part.*

Elle est affreuse !...

LA MÈRE GRUGET.

Vous avez beau prendre vos airs d'enjôleux, vous ne me ferez pas manquer à mes devoirss.

MAULINCOUR.

Eh ! bon Dieu ! qui vous parle de cela ?... Je n'ai besoin que d'un tout petit renseignement... Chez qui est allée la jeune dame qui vient d'entrer ?

LA MÈRE GRUGET.

Écoutez-moi, mon petit monsieur, que je vous glisse queuque chose dans le tuyau de l'oreille...

MAULINCOUR.

Parlez...

LA MÈRE GRUGET.

Comme j' veux pas voler vos quarante francs, j' vas vous donner un bon conseil que vous ferez ben de suivre...

MAULINCOUR.

Lequel ?...

LA MÈRE GRUGET.

C'est d' pas vous embarquer pus loin dans c'te affaire-là, croyez-moi... Y a souvent du danger à suivre une femme dans la rue, et vous pourriez bentôt vous repentir de vot' curiosité...

MAULINCOUR.

J'irai jusqu'au bout !

LA MÈRE GRUGET.

Tant pire... y vous en cuira, jeune homme.

MAULINCOUR.

Non, non! je ne sortirai pas avant d'avoir son secret. (*On frappe avec vigueur à la porte cochère.*)

LA MÈRE GRUGET.

Ah! cette fois, j'ouvre pas... y a déjà trop de monde ici!... (*Le marteau de la porte ne cesse pas de retentir.*)

MAULINCOUR.

Mais on va enfoncer la porte.

LA MÈRE GRUGET.

Y a pas d' danger...

VOIX CONFUSES AU DEHORS.

Ouvrez, ouvrez, ouvrez donc ?

MAULINCOUR.

La pluie tombe à torrents et ces malheureux veulent se mettre à l'abri...

LA MÈRE GRUGET.

Moumoune la sentait ben, la giboulée !...

LES VOIX.

La porte! la porte !

MAULINCOUR.

Il y a cruauté à laisser les gens dans la rue par un temps pareil... Voyons, ouvrez-leur...

LA MÈRE GRUGET.

Pour qu'ils envahissent la maison... Ah ben, ouiche !.. C'est mossieu Ferragus qui serait content.

MAULINCOUR.

Qu'est-ce que c'est donc que monsieur Ferragus ?

LA MÈRE GRUGET, *à part.*

Bêtasse, va. (*Haut, avec importance.*) C'est mon proprilliétaire!...

MAULINCOUR.

Ah! (*A part.*) Elle s'est troublée... Ferragus?...

LES VOIX.

La porte! la porte!...

LA MÈRE GRUGET.

Oui, oui, cognez... Vous pouvez ben cogner jusqu'à dimanche.

MAULINCOUR.

Eh! mais, au fait, pourquoi pas?... (*Il s'élance dans la loge.*)

LA MÈRE GRUGET.

Qué que vous faites donc?

MAULINCOUR.

J'ai pitié de mes semblables. (*Il tire le cordon.*)

LA MÈRE GRUGET.

Mais c'est une indignité!... Mais on n'entre pas, on n'entre pas!... (*Elle cherche à défendre la porte, mais elle est bousculée par toute une cohue de passants qui se précipitent sous la voûte.*)

SCÈNE V

LES MÊMES, UN GAMIN, UN ÉTUDIANT, UN CHIFFONNIER, UNE DAME, UN GARÇON DE BANQUE, UN VIEUX BEAU, PASSANTS DE TOUTES SORTES.

LE GAMIN.

Entrrrez, entrrrez, prenez vos billets.

LE CHIFFONNIER, *secouant sa casquette*

C'est pas trop tôt..

LE GARÇON DE BANQUE, *un sac sur l'épaule.*

On fait donc de la fausse monnaie, ici?...

LE GAMIN.

Donnez-m'en d' la vraie, m'sieur. (*Le Garçon lui allonge un coup de pied.*) Merci, m'sieur.

LE CHIFFONNIER.

On dirait une cave, mais ça manque de vin... pas vrai, la petite mère? (*Il prend la taille de la mère Gruget.*)

LA MÈRE GRUGET, *furieuse.*

Polisson!...

L'ÉTUDIANT, *chevelu.*

Et Adèle qui m'attend à deux heures... Son mari sera rentré!

LA DAME, *minaudant.*

Quel horrible quartier!... On n'y trouverait pas une voiture.

UN VIEUX BEAU, *en toilette prétentieuse.*

Si madame daignait accepter mon bras quand la pluie aura cessé, je serais heureux de la conduire jusqu'à la station de la place des Victoires.

LA DAME.

Vraiment, monsieur, vous êtes trop aimable... (*Ils causent a voix basse.*)

LA MÈRE GRUGET, *à part.*

Attends, mon vieux, j' vas t'en donner de la bagatelle. (*Elle va chercher un balai.*)

MAULINCOUR, *à part.*

C'est une véritable inspiration que j'ai eue là; car à la faveur de cette prise d'assaut, je vais pouvoir explorer la maison tout à mon aise. (*Il se glisse dans l'escalier sans être vu.*)

LA MÈRE GRUGET, *balayant avec fureur.*

Gare les jambes...

LE VIEUX BEAU.

Mais vous me crottez mon pantalon, vieille drôlesse.

LA MÈRE GRUGET.

Vieille drôlesse vous-même, dites donc... Faut-y pus que j' travaille, à présent ?

L'ÉTUDIANT, *à part.*

Son mari sera rentré !

LA DAME, *au vieux beau.*

Ah ! fi de ces gens du commun...

LE VIEUX BEAU.

Voilà un pantalon perdu...

LE GAMIN.

Faites pas attention, mon bourgeois.. Pour un monaco, j' vas vous donner un coup de brosse... avec ma blouse. (*Recevant un nouveau coup de pied.*) Merci, m'sieu. (*A part.*) Pas d' veine aujord'hui.

LA DAME.

Mais prenez donc garde à votre balai, ma bonne.

LA MÈRE GRUGET, *grommelant.*

Sa bonne !... As-tu fini ?... Dans queuques années, tu t'en serviras aussi, toi, du balai.

LE VIEUX BEAU, *grelottant.*

Brrr... je suis capable d'en faire une maladie...

LE CHIFFONNIER.

Laissez donc... n'y a pas d' danger... l'eau n' fait du mal que quand on l'avale...

LE VIEUX BEAU, *à part.*

Vieil ivrogne !

LE CHIFFONNIER, *à part.*

Vieux feignant !

LE VIEUX BEAU, *grelottant toujours et éternuant.*

Du reste, belle dame, je bénis la giboulée qui m'a fait faire une rencontre aussi heureuse...

LA DAME.

Ah ! monsieur, croyez bien que moi-même... (*A part.*) Fort galant, mais trop enrhumé.

L'ÉTUDIANT, *à part.*

Oh ! c'est fini, son mari sera rentré !

LA MÈRE GRUGET, *à part.*

Saperlotte!... v'là monsieur Ferragus qui descend... J' vas t'y avoir un joli savon, Dieu de Dieu! (*Ferragus paraît sur l'escalier, vêtu comme une sorte de commissionnaire.*)

SCÈNE VI

Les Mêmes, FERRAGUS, CLÉMENCE, MAULINCOUR.

FERRAGUS, *à voix basse.*

Mère Gruget?

LA MÈRE GRUGET, *de même.*

Ah! mon bon mossieu.... c'est pas d' ma faute, allez.... c'est celle de l'averse... ils sont entrés de force...

FERRAGUS.

Ne laissez approcher personne de ce côté.

LA MÈRE GRUGET.

Voyons, voyons, ça ne tombe pus.... faut qu'on s'en aille... (*Les passants sortent peu à peu.*)

FERRAGUS, *vers l'escalier.*

Viens, Clémence, viens sans crainte....

CLÉMENCE, *paraissant.*

Mais tout ce monde...

FERRAGUS.

Ne crains rien, te dis-je.... la présence de ces indifférents nous est plus utile que nuisible.

CLÉMENCE.

Ah! j'ai vraiment peur...

FERRAGUS.

Enfant! calme-toi! Tu vois bien que ces gens là ne font pas même attention à nous! et d'ailleurs, voilà qu'ils s'éloignent peu à peu.

CLÉMENCE.

Oh! ce n'est pas d'eux que j'ai peur!...

FERRAGUS.

Toujours l'idée de ce Maulincour.

CLÉMENCE.

Oui!...

FERRAGUS.

Mais ne t'inquiète donc plus de ce fat! Depuis le jour où il a cherché à pénétrer de terribles mystères, on le surveille de près, et s'il ne renonce pas à te poursuivre... il est perdu.

CLÉMENCE.

Perdu!... oh! non! non, vous l'épargnerez.... Promettez-moi cela...

FERRAGUS.

Je ne peux rien te promettre, car tu le sais, le châtiment et le pardon ne dépendent pas de moi seul....

CLÉMENCE.

Il n'est coupable, peut-être, que d'indiscrétion et de curiosité.

FERRAGUS.

Si cela était, tu aurais tort de t'effrayer autant...

CLÉMENCE.

Mais....

FERRAGUS.

Mais tu sais, comme moi, que derrière cet homme il y a Antoinette de Navarreins, duchesse de Langeais, qui veut faire de lui l'instrument de ta perte!... Rivalité de femme qui s'est changée peu à peu en haine dans le cœur de l'orgueilleuse et coquette duchesse!..

CLÉMENCE.

Ah! Dieu m'est témoin que j'ai tout essayé pour éloigner de moi cette aversion qui m'attriste et me désespère.... mais plus je cherchais à me faire aimer d'elle, plus je m'en faisait haïr!

FERRAGUS.

La duchesse de Langeais devenue ton ennemie, il y a vraiment eu là comme une sorte de fatalité!

CLÉMENCE.

Oh, oui! et quand je songe qu'un mot suffirait pour nous jeter dans les bras l'une de l'autre, pour confondre nos larmes, nos baisers, nos sourires... quand pourrai-je parler? quand pourra-t-elle savoir?

FERRAGUS.

Un jour.... plus tard... espère.

CLÉMENCE.

Ah! s'il n'appartenait qu'à moi ce secret dont la révélation doit changer sa haine en tendresse!

FERRAGUS.

Il faut attendre, Clémence, il faut patienter encore quelque temps!... Bientôt j'aurais reconquis toute ma force, toute ma liberté, et alors nous serons sauvés tous les deux!

CLÉMENCE.

Que Dieu vous entende! (*Maulincour redescend l'escalier en tapinois, sans être aperçu de Ferragus et de Clémence.*)

MAULINCOUR, *à part.*

Je sais qu'elle va au second chez cet homme, qui est assurément déguisé... (*Il se cache et les épie.*)

CLÉMENCE.

Qu'espérez-vous?

FERRAGUS.

Après bien des peines, après avoir fouillé le globe, nos puissants amis m'ont trouvé une peau d'homme à endosser. la transformation touche à sa fin, et dans quelques jours, le terrible passé de Ferragus n'existera plus que pour toi, mon ange adoré!

MAULINCOUR, *à part.*

Je n'entends rien...

CLÉMENCE.

Je ne vous juge pas.... je vous aime!

FERRAGUS.

Je le sais, et je te remercie du fond du cœur d'être venue

au milieu de périls sans nombre, me consoler, et me soutenir par ta chère présence, j'ai tant besoin de t'aimer!... Mais la pluie a cessé, tu peux partir.... Suis-moi naturellement comme un commissionnaire à qui tu aurais donné l'ordre d'arrêter une voiture....

CLÉMENCE.

Oui, oui, partons.

MAULINCOUR, *s'approchant.*

Madame Desmaretz, je crois.

CLÉMENCE.

Ah!...

FERRAGUS.

Misérable.... *Il saisit Maulincour à la cravate et le repousse violemment loin de Clémence.)*

CLÉMENCE.

Je suis perdue...

FERRAGUS.

Viens vite.... (*Il sort en entraînant Clémence.*)

SCÈNE VII

LA MÈRE GRUGET, MAULINCOUR, IDA.

LA MÈRE GRUGET.

Le v'là quasi pâmé!...

MAULINCOUR.

Quelle secousse! quelle étreinte terrible! j'ai vraiment cru que j'allais mourir...

LA MÈRE GRUGET.

J' vous disais ben qu'y vous en cuirait, mon petit...

MAULINCOUR.

Oh! mais, je me sens mieux, je reviens à moi...

LA MÈRE GRUGET.

Entrez dans ma loge boire un verre d'eau. ça vous remettra tout à fait.

MAULINCOUR, *à part.*

Non, non, je veux retrouver leurs traces.

IDA, *lui barrant le passage.*

On ne passe pas!

MAULINCOUR, *à part.*

Ma grisette!

LA MÈRE GRUGET.

Tu le connais?...

IDA.

Que trop!... c'est Auguste de Maulincour, l'infâme séducteur qui m'a plantée là...

LA MÈRE GRUGET, *manœuvrant son balai.*

Ah!.. y a donc eune justice!..

IDA, *l'arrêtant.*

Ne me le cassez pas, maman!

MAULINCOUR, *à part.*

Ida? ici!... Eh bien, il ne manquait plus que cela.

IDA, *larmoyant.*

Comment, scélérat, après m'avoir trompée et abandonnée d'une façon aussi indigne, vous osez vous présenter devant ma mère?

MAULINCOUR.

Sa mère!...

LA MÈRE GRUGET.

Oui, muscadin, sa mère, qui vous appelle tout uniment un pas grand'chose... Et si je me retenais pas...

IDA.

Maman, j' l'aime toujours!

LA MÈRE GRUGET.

Sans cœur, va!...

MAULINCOUR, *à part.*

Eh mais! j'y songe... C'est un coup du sort que cette rencontre... Par Ida je pourrai tout savoir. (*Haut.*) Voyons, chère Ida, ne restons pas fâchés... J'ai eu des torts, j'en conviens, mais je suis prêt à les réparer.

IDA.

Vrai!... Oh! quelle chance!... Alors, monsieur, pour commencer, vous allez me mener ce soir au spectacle...

MAULINCOUR

Je le veux bien...

IDA.

A Franconi?...

MAULINCOUR.

A Franconi!...

LA MÈRE GRUGET.

A Franconi!... C'est ça... et pis, moi, on m' laisse à la loge.

IDA.

Je vous rapporterai une belle orange, na, et je vous promets de penser à vous dans les entr'actes... Pas vrai, Auguste, que nous penserons à maman... dans les entr'actes?...

MAULINCOUR.

Oui, oui, nous penserons beaucoup à... maman... dans les entr'actes.

LA MÈRE GRUGET.

Saperlotte! v'là mon rata qui brûle. (*Elle rentre vivement dans sa loge.*)

IDA.

Je grimpe chercher mon châle et je reviens tout de suite... (*Elle sort.*)

MAULINCOUR, *seul.*

Maulincour, mon ami, tu t'encanailles un peu... Bah! si la mère est affreuse, la fille est charmante, et puis, pour moi, c'est le meilleur moyen de connaître tout à fait le secret de cette madame Paul, que je déteste maintenant. (*Ferragus reparaît au fond, accompagné de quelques hommes auxquels il désigne Maulincour et qui s'éloignent; Lucien, De Marsay, Ronquerolles et d'autres Affiliés sont entrés sans bruit et s'engagent dans l'escalier.*)

SCÈNE VIII

Les Mêmes, FERRAGUS.

FERRAGUS.

Ah ! vous êtes encore ici, monsieur le curieux.

MAULINCOUR.

Vous le voyez bien, monsieur le commissionnaire.

FERRAGUS.

Vous vous occupez trop des femmes... ça vous portera malheur...

MAULINCOUR.

Vous croyez?...

FERRAGUS.

J'en suis sûr !

MAULINCOUR

Vraiment ?

FERRAGUS.

La curiosité, voyez-vous, c'est une maladie dont on peut mourir.

MAULINCOUR.

Et c'est vous qui avez fait cette découverte?...

FERRAGUS.

Peut-être... Je suis un peu médecin.

MAULINCOUR.

Est-ce donc sur ce titre que vous vous appuierez pour me tuer?

FERRAGUS.

Riez, jeune fou, riez tout à votre aise... Mais vous voyez bien cette place... entre ce bouton d'acier et ce parement de velours...

MAULINCOUR.

Sans être médecin, moi, je sais que c'est la place du cœur...

FERRAGUS.

Eh bien, je vous affirme qu'avant quarante-huit heures vous serez frappé là... là, entendez-vous ?

MAULINCOUR.

Eh! monsieur...

IDA, *rentrant.*

Me voilà... partons-nous?...

MAULINCOUR.

Oui, oui, partons...

IDA, *entraînant Maulincour.*

Adieu, maman...

LA MÈRE GRUGET, *de sa loge.*

Adieu, fillette... Sois bien sage... surtout pense à moi.

IDA.

Oui, oui... dans les entr'actes.

LA MÈRE GRUGET.

N'oublie pas mon orange.

IDA.

Soyez tranquille...

LA MÈRE GRUGET.

Ah! dis donc, fillette. (*Elle sort de sa loge et se trouve en face de Ferragus.*) Le patron!

SCÈNE IX

FERRAGUS, LA MÈRE GRUGET.

FERRAGUS.

Écoutez-moi bien, madame Gruget.

LA MÈRE GRUGET.

Je suis toute oreilles, mossieu.

FERRAGUS.

Vous n'avez pas encore, suivant mes ordres, déclaré à la mairie le décès du vieux mendiant.

LA MÈRE GRUGET.

Non, mossieu, pas encore... mais il serait temps de...

FERRAGUS.

C'est inutile... la déclaration a été faite...

LA MÈRE GRUGET.

Par qui donc ?...

FERRAGUS.

Elle a été faite !...

LA MÈRE GRUGET.

Suffit, mossieu.

FERRAGUS.

Et vous êtes bien sûre que le défunt n'avait pas de famille à Paris ?

LA MÈRE GRUGET.

Pas seulement eune connaissance, le pauvre cher homme.

FERRAGUS.

Sous quel nom était-il connu dans le quartier ?

LA MÈRE GRUGET.

Sous celui du père Vivien.

FERRAGUS.

C'était un sobriquet !

LA MÈRE GRUGET.

Bah !...

FERRAGUS.

Certains actes de sa vie passée l'ayant contraint de se dérober aux recherches de la police, il est parvenu à cacher son véritable nom, qui est Gratien Bourignard, dit Ferragus.

LA MÈRE GRUGET.

Mais ce nom-là, c'est le vôtre ?...

FERRAGUS.

Vous vous trompez !...

LA MÈRE GRUGET.

Depuis quand donc qu' vous en avez changé ?...

FERRAGUS.

Depuis que cet homme est mort.

LA MÈRE GRUGET.

Ah ! Comment donc que vous vous appelez aujourd'hui ?

FERRAGUS.

Vous le saurez quand il le faudra.

LA MÈRE GRUGET.

Suffit, mossieu... Mais, pardon excuse, comment prouver à l'autorité que l'père Vivien s'appelait Ferragus ?...

FERRAGUS.

L'inventaire des papiers trouvés à son domicile suffira et au delà pour ne laisser aucun doute sur son identité... Mais il y a mieux encore...

LA MÈRE GRUGET.

Ah ! il y a mieux ?...

FERRAGUS.

Ignorez vous donc qu'à ses derniers moments et en présence de témoins dont la moralité est incontestable, le prétendu Vivien a dicté et signé des aveux complets par-devant un notaire royal et un officier de l'état civil ?

LA MÈRE GRUGET

Mais c'est impossible, mossieu.

FERRAGUS.

Il n'y a rien d'impossible. (*Vers la fin de la scène, De Marsay, Lucien, Ronquerolles et d'autres affiliés redescendent l'escalier.*)

SCÈNE X

LES MÊMES, RONQUEROLLES, DE MARSAY, LUCIEN *et* AUTRES AFFILIÉS.

LA MÈRE GRUGET.

Il n'est pourtant monté personne à sa mansarde.

FERRAGUS.

Vous faites donc bien mal votre service de porte, madame Gruget, que vous n'avez pas vu ces messieurs monter cette nuit chez le père Vivien ?

LA MÈRE GRUGET, *avec un étonnement mêlé de crainte.*

Ces messieurs?... Ah! je jurerais pourtant bien mes grands dieux que...

FERRAGUS.

Assez...

LA MÈRE GRUGET.

Oui, monsieur...

FERRAGUS.

Le notaire royal et l'officier de l'état civil, qui ont reçu la déclaration du mourant, se nomment maître Crottat et Henry de Marsay... les voici devant vous...

DE MARSAY.

Quant à monsieur Lucien de Rubenpré et à ces autres messieurs, ils nous ont assistés comme témoins.

FERRAGUS, *à la mère Gruget.*

Êtes-vous convaincue maintenant?

LA MÈRE GRUGET.

Dame! ça doit être, puisque vous le dites...

FERRAGUS.

A la bonne heure... (*Il prend à l'écart Ronquerolles, de Marsay et Lucien.*)

LA MÈRE GRUGET, *à part.*

Qué qu'y vont manigancer encore, ces enragés-là?...

FERRAGUS.

Ainsi, mes amis, tout va bien?...

LUCIEN.

Tout va bien.

FERRAGUS.

Le général Armand de Monriveau arrive demain soir?...

RONQUEROLLES.

Oui, et il te mettra en possession de toutes les preuves qui te permettront de porter publiquement le titre et le nom d'un grand seigneur portugais, mort obscurément dans une exploration des bouches du Nil, le très-noble et très-puissant marquis de Funcal.

FERRAGUS.

Enfin !... (*Haut.*) Madame Gruget !

LA MÈRE GRUGET.

Mossieu !...

FERRAGUS.

Conduisez à la chambre mortuaire le docteur Desplein et ces deux hommes qui ont mission de constater le décès de Ferragus...

LA MÈRE GRUGET, *à part.*

Saperlotte ! v'là le tremblement qui m'empoigne. (*Haut.*) Par ici, mes bons messieurs, par ici...

FERRAGUS.

Allons, mes amis ! Ferragus est bien mort ! Place au marquis de Funcal !...

FIN DU PREMIER ACTE.

ACTE DEUXIÈME

LAQUAIS ET MARQUIS

Un boudoir chez madame de Sérizy. — Les Domestiques de la Comtesse terminent les derniers apprêts d'une fête, allument les bougies, rangent les siéges, disposent les fleurs, etc. — Neuf heures sonnent à une magnifique pendule.

—

SCÈNE PREMIÈRE

MADAME DE SÉRIZY, RONQUEROLLES, DOMESTIQUES; *puis* LUCIEN *et* DE MARSAY.

MADAME DE SÉRIZY, *entrant.*

Neuf heures déjà?... Enfin, voilà qui est terminé... Ces boîtes de whist, là, dans le cabinet bleu... Enlevez cette corbeille de roses... il ne faut ici que des bruyères, des violettes de Parme et des lilas blancs, les trois fleurs favorites de madame la duchesse de Langeais... Ah!... Justin? Vous n'avez pas oublié surtout de faire transporter dans le grand salon toutes les plantes d'Afrique qui sont dans les serres de l'hôtel?...

LE LAQUAIS.

Madame la comtesse peut voir d'ici que j'ai exécuté ses ordres...

RONQUEROLLES, *entrant.*

Et c'est d'un effet merveilleux!... Bonsoir, chère sœur.

MADAME DE SÉRIZY.

Bonsoir, frère!... (*Les Domestiques sortent.*)

RONQUEROLLES.

Une délicieuse galanterie que vous faites là au héros du jour, au fameux explorateur des bouches du Nil.

2.

MADAME DE SÉRIZY.

N'est-ce pas moi qui, la première, aurai l'honneur de recevoir le général Armand de Monriveau, depuis son retour d'Égypte?...

RONQUEROLLES.

Aussi, avez-vous tenu à lui souhaiter royalement la bienvenue? Je vous fais tous mes compliments, chère sœur.., Vos salons sont splendides.... (*Apercevant les fleurs de la cheminée.*) Ah! ah! voici une autre galanterie qui n'est pas à l'adresse du général.

MADAME DE SÉRIZY.

Vous avez reconu les fleurs favorites de madame de Langeais.

RONQUEROLLES.

Oui; et je suppose que nous sommes ici dans le royaume de la charmante duchesse.

MADAME DE SÉRIZY.

En effet, ce boudoir lui est réservé; c'est ici qu'elle tiendra sa cour... je suis heureuse de la distraire un peu, cette pauvre Antoinette; elle est triste, elle s'ennuie, c'est tout simple : monsieur de Langeais la délaisse tellement... Il est encore parti.

RONQUEROLLES.

Bah!...

MADAME DE SÉRIZY.

Oui, pour ses terres de Bourgogne, où il va chasser...

RONQUEROLLES.

Allons! ce sera bien fait : quand le mari aime tant les voyages, il faut bien que la femme finisse par aimer...

MADAME DE SÉRIZY.

Quoi donc?

RONQUEROLLES.

Autre chose.

MADAME DE SÉRIZY.

Vous êtes un impertinent, mon frère!

RONQUEROLLES.

Je tâche!...

MADAME DE SÉRIZY.

Elle ne voulait pas venir, figurez-vous, et j'ai eu beaucoup de peine à l'y décidèr.

RONQUEROLLES.

Vraiment?

MADAME DE SÉRIZY.

Mais comment résister au désir de voir l'homme célèbre que vont se disputer tous les salons de Paris? Je lui ai raconté quelques-unes des merveilleuses aventures du général, et je vous annonce que monsieur Armand de Monriveau excite très-vivement sa curiosité.

RONQUEROLLES,

Qu'il se tienne bien, alors! Mais, dites-moi, chère sœur, est-il vrai que vous ayez envoyé une invitation à monsieur Paul Desmaretz l'agent de change?

MADAME DE SÉRIZY.

Oui, et à sa charmante femme.

RONQUEROLLES.

Je croyais que vous les connaissiez fort peu, cependant.

MADAME DE SÉRIZY.

C'est vrai, mais la duchesse de Langeais m'a tellement priée de les engager...

RONQUEROLLES.

Ah! c'est la duchesse qui...

MADAME DE SÉRIZY.

Antoinette paraît aimer beaucoup cette petite madame Clémence, dont on a voulu pourtant faire une de ses rivales dans le monde.

RONQUEROLLES.

Elle a tant de cœur madame de Langeais.

MADAME DE SÉRIZY.

Tant d'esprit surtout!

RONQUEROLLES.

C'est ce que je voulais dire... Bref, les Desmaretz seront cette nuit à votre bal?

MADAME DE SÉRIZY.

On dirait que cela vous contrarie?..

RONQUEROLLES.

Nullement, je vous assure... Desmaretz est un homme fort recommadable sous tous les rapports, et sa femme partage à bon droit avec lui l'estime générale.

MADAME DE SÉRIZY.

Oui, certes, c'est ce que l'on peut appeler le modèle des ménages, ce qu'il y a de plus édifiant et de plus tendre à la fois!... Depuis quelques jours cependant, il court certains bruits...

RONQUEROLLES.

Qui ne devraient pas courir.

MADAME DE SÉRIZY.

Bon Dieu! quel intérêt prenez-vous donc à ces gens-là?

RONQUEROLLES.

Aucun. (*Serrant la main de Lucien et de De Marsay qui viennent d'entrer.*) Bonsoir, De Marsay; bonsoir, Lucien....

LUCIEN *et* DE MARSAY, *s'inclinant.*

Madame...

RONQUEROLLES, *à madame de Sérizy.*

Et avez-vous été indulgente comme toujours pour les vices de votre malheureux frère?

MADAME DE SÉRIZY.

Les cartes, n'est-ce pas?...

RONQUEROLLES.

Hélas! oui!...

MADAME DE SÉRIZY.

Tenez, homme affreux, je vous ai abandonné le cabinet bleu!

RONQUEROLLES.

Vous êtes ma providence !

MADAME DE SÉRIZY.

Faites-en votre odieux arsenal !

RONQUEROLLES.

Et notre champ de bataille, vive Dieu ! car, je vous le jure, il va s'engager ici, une partie infernale. (*A De Marsay.*) N'est-ce pas ?

DE MARSAY.

C'est vrai !

MADAME DE SÉRIZY.

Beaucoup de plaisir, messieurs.

RONQUEROLLES.

Vous permettez que j'aille inspecter la place ?

MADAME DE SÉRIZY

Comment donc ! n'êtes-vous pas chez vous?

RONQUEROLLES. *à part.*

Je le sais bien...

MADAME DE SÉRIZY.

J'espère cependant, messieurs, que le jeu ne vous fera pas trop oublier la danse.

LUCIEN.

Non, certes.... Daignerez-vous, madame, m'inscrire pour la première valse ?...

DE MARSAY.

Et moi pour le premier quadrille?...

MADAME DE SÉRIZY.

C'est fait... à tout à l'heure, messieurs.

RONQUEROLLES.

A tout à l'heure... (*Il entre avec Lucien et De Marsay dans le cabinet bleu, dont la porte se referme.*)

SCÈNE II

MADAME DE SÉRIZY, CLÉMENCE, *puis* LA DUCHESSE DE LANGEAIS.

MADAME DE SÉRIZY, *à part.*

Ce fou de Ronquerolles, avec ses cartes!

UN LAQUAIS, *annonçant.*

Madame Paul Desmaretz...

MADAME DE SÉRIZY.

Faites entrer. (*A part.*) On arrive la première comme une parvenue qu'on est. (*Haut, allant à la rencontre de Clémence.*) Je ne saurais trop, madame, remercier l'heureux hasard qui vous amène à cette heure...

CLÉMENCE

Je vous demande pardon, madame, d'arriver un peu tôt, mais je voulais, je devais vous remercier seule à seule de la gracieuse invitation que vous avez eu la bonté de m'envoyer...

MADAME DE SÉRIZY.

Je n'aperçois pas monsieur Desmaretz... je croyais pourtant qu'on ne vous voyait jamais l'un sans l'autre...

CLÉMENCE.

C'est vrai, mais une affaire survenue tout à coup..

MADAME DE SÉRIZY.

Ah!... elles vont bien, les affaires?...

CLÉMENCE.

Mon Dieu, madame, je vous avoue que...

MADAME DE SÉRIZY.

Vous avez là un admirable collier! Monsieur Desmaretz gagne gros.... n'est-ce pas?

CLÉMENCE.

Je ne tiens pas ses livres, madame.

MADAME DE SÉRIZY.

Ah!.. c'est un excellent métier que le sien.

CLÉMENCE.

Métier honorable, toujours, puisque vous avez la bienveillance de nous admettre chez vous, madame la comtesse.

MADAME DE SÉRIZY.

Et pensez-vous que cette affaire le retienne encore longtemps, monsieur Desmaretz.

LA DUCHESSE, *qui est entrée.*

Oh ! non, certainement, non !

MADAME DE SÉRIZY.

Antoinette !

CLÉMENCE, *à part.*

La duchesse de Langeais !

LA DUCHESSE.

Un mari qui aime et qui est aimé... aussi tendrement... revient toujours vite.

CLÉMENCE.

Madame...

MADAME DE SÉRIZY.

Je vous laisse ensemble... quelques ordres à donner... (*A Clémence.*) Dès que j'apercevrai votre mari, je vous l'enverrai.

LA DUCHESSE.

Inutile, chère... Son cœur le conduira jusqu'ici. (*Madame de Sérizy s'éloigne.*)

SCÈNE III

LA DUCHESSE, CLÉMENCE.

CLÉMENCE.

Vous abusez de votre esprit, madame la duchesse, contre une pauvre femme qui s'avoue vaincue d'avance. Je ne m'explique pas comment j'ai pu, moi si petite et si humble dans ces salons où vous trônez en reine, devenir le but de vos railleries.

LA DUCHESSE.

Vous méprenez-vous à ce point sur mon intention, madame, que vous appelez railleries quelques épigrammes des plus inoffensives sur votre bonheur et votre vertu? Ah! vous êtes injuste; mais c'est là notre seule compensation, notre seul plaisir, à nous autres, créatures indignes qui sommes exilées de l'Éden et qui n'avons pas trouvé le bonheur comme vous, ni dans le mariage, ni dans... l'amour! Croyez-moi, madame, laissez-nous nos plaisanteries futiles et gardez votre double félicité... Vous avez la meilleure part, allez!...

CLÉMENCE.

Oh! je ne demanderais qu'à vous croire sincère.

LA DUCHESSE.

Eh bien?... pourquoi donc ne me croiriez-vous pas.. sincère?...

CLÉMENCE.

Parce que vos regards démentent vos paroles.

LA DUCHESSE.

Encore?

CLÉMENCE.

Parce que votre sourire a l'air d'une menace.

LA DUCHESSE.

Vous vous trompez. Je vous le répète, j'aime beaucoup le mérite, et vous êtes le modèle des femmes... J'aime encore mieux la vertu, et vous êtes le modèle des épouses!...

CLÉMENCE.

Ah! madame, madame! si vous pouviez savoir tout ce qu'il y a pour vous au fond de mon cœur.

LA DUCHESSE.

Pour moi... Expliquez-vous, de grâce...

CLÉMENCE.

Non, non, c'est impossible... Je ne peux, je ne dois rien dire...

LA DUCHESSE, *à part.*

Elle veut me dérouter avec cette affectation de sensiblerie. (*Haut.*) Gardez donc vos secrets, madame; je n'ai aucun droit de les savoir... Et maintenant, puisque j'ai eu le malheur de vous contrarier, parlons d'autre chose, si vous le voulez bien. Connaissez-vous les fâcheuses aventures qui sont arrivées à ce pauvre M. de Maulincour?...

CLÉMENCE, *troublée.*

Non, madame, non, je ne les connais pas !

LA DUCHESSE.

Vraiment? Ah! c'est inouï. Tout le monde en parle, c'est l'événement du jour! Faut-il que vous viviez à part de nos misères, heureuse femme, pour ignorer ainsi tout ce qui se passe!... Eh bien, tant mieux, je vais avoir le plaisir de vous raconter cela...

CLÉMENCE.

Pardon, madame la duchesse, mais le bal vous réclame.

LA DUCHESSE

Oh! pas du tout... Il n'est qu'onze heures et je ne danse jamais avant minuit... Figurez-vous donc qu'un matin, M. de Maulincour avait suivi une femme dans la rue...

CLÉMENCE.

Ah!

LA DUCHESSE.

Ce n'est pas un grand crime, n'est-ce pas?

CLÉMENCE.

C'est quelquefois une lâcheté.

LA DUCHESSE.

Oh! Vous êtes sévère... mais, en tout cas, ce n'est pas une action qui mérite la mort!

CLÉMENCE.

La mort?

LA DUCHESSE.

On dit pourtant que cette honnête femme, puissamment et mystérieusement protégée, a juré de faire assassiner le coupable.

CLÉMENCE.

C'est une calomnie infâme !

LA DUCHESSE.

Est-ce que vous la connaissez?...

CLÉMENCE.

Ai-je besoin de la connaître pour affirmer que, si c'est une honnête femme, elle n'a pas fait cela ?

LA DUCHESSE.

Alors ! c'est que je m'étais trompée d'épithète... Ce n'est pas une honnête femme, voilà tout.

CLÉMENCE.

Madame !...

LA DUCHESSE.

Il est bien certain, en effet, que ces jours derniers, au moment où le baron de Maulincour passait en voiture devant un échafaudage de maçons, une pierre de deux pieds carrés, arrivée au sommet des perches, s'échappa de ses liens de corde, en tournant sur elle-même, et vint se briser avec fracas à quelques pouces seulement de la voiture.

CLÉMENCE.

C'était un accident, sans doute...

LA DUCHESSE.

Non! Le baron, qui conduit à merveille, est parfaitement sûr de n'avoir pas même effleuré l'échafaudage avec la roue...

CLÉMENCE, *à part.*

Oh ! les implacables !

LA DUCHESSE.

Mais ce n'est pas tout!... Hier, pas plus tard qu'hier, le même M. de Maulincour se rendait au bois dans son cabriolet, lorsqu'en descendant la rue de Bourgogne, en face la Chambre des Députés, l'essieu se cassa net par le milieu, et comme le baron va toujours très-vite, cette cassure eut pour effet de faire tendre les deux roues à se rejoindre assez violemment pour lui fracasser le crâne. La capote du cabriolet opposa, par bonheur, plus de résistance qu'on ne l'avait supposé, et notre jeune étourdi fut sauvé une seconde fois par une sorte de miracle!...

CLÉMENCE.

Oh! grâce à Dieu!

LA DUCHESSE.

Voilà d'un bon cœur! Il fut prouvé, du reste, que la cassure de l'essieu avait été produite par des soufflures et des pailles très-habilement ménagées... Il y a donc eu, dans ces deux tentatives d'assassinat, une adresse et une persistance inouïes qui dénotent l'inimitié de gens supérieurs dans le mal!... Ah! c'est vraiment une guerre de sauvages déclarée au nom de cette femme qui dispose d'un étrange pouvoir, de cette femme qui n'hésite pas à commettre un crime pour cacher une faute...

CLÉMENCE.

Une faute, madame? Et laquelle?

LA DUCHESSE.

Vous ne le savez pas?

CLÉMENCE.

Non.

LA DUCHESSE.

Alors, pourquoi allez-vous, tous les jours, à pied, déguisée, rue Soly?

CLÉMENCE.

Qu'est-ce que c'est que la rue Soly, madame la duchesse?

LA DUCHESSE, *voyant entrer Desmaretz.*

Eh! tenez... demandez-le à votre mari?

SCÈNE IV

LES MÊMES, DESMARETZ.

DESMARETZ, *à Clémence.*

Ah! te voici... je te... cherchais...

CLÉMENCE.

Et moi, je t'attendais, mon ami...

DESMARETZ.

Comme tu es pâle!... Qu'as-tu donc?

CLÉMENCE.

Mais rien... absolument rien...

LA DUCHESSE.

Oh ! ne vous inquiétez pas, monsieur... c'est la suite d'une discussion fort grave, que nous venons d'avoir ensemble.

DESMARETZ.

Ah !

LA DUCHESSE.

Madame vantait la dentelle d'Angleterre, et moi j'ai soutenu, un peu vivement peut-être, le point d'Alençon ; voilà tout le secret du trouble dans lequel vous nous voyez.

DESMARETZ.

Vraiment !

CLÉMENCE.

Oui.

LA DUCHESSE.

Mais, je le remarque, monsieur, vous paraissez vous-même préoccupé, soucieux...

DESMARETZ.

Madame ?

LA DUCHESSE, *à part.*

Maulincour lui a parlé.

DESMARETZ, *à part.*

Va-t-elle nous laisser seuls ?

LA DUCHESSE.

Ah ! voici le quadrille que j'ai promis... mais je ne vois pas mon danseur... Il est insupportable, ce monsieur de Maulincour. (*A part.*) Il a tressailli... plus de doute... (*Haut.*) Pardon, ne l'auriez-vous pas aperçu dans les salons... monsieur de Maulincour ?

DESMARETZ.

Oui... de ce côté... je crois...

LA DUCHESSE.

Allons... il faut que j'aille le chercher moi-même... Sans rancune, chère madame... Votre servante, monsieur. (*Elle sort.*)

SCÈNE V

CLÉMENCE, DESMARETZ.

DESMARETZ.

Enfin ! nous voilà seuls !... Clémence, m'aimes-tu toujours?

CLÉMENCE.

Est-ce que tu en doutes?

DESMARETZ.

Non, mais...

CLÉMENCE.

Oh ! oui, je t'aime, comme tu es digne d'être aimé ; toi qui m'as trouvée pauvre, orpheline, sans famille, et qui m'as tout donné en me nommant ta femme.

DESMARETZ.

Il y a trois ans... déjà ! Pensée joyeuse ! souvenir charmant ! Une rencontre imprévue, une sympathie soudaine, nous a rapprochés l'un de l'autre ; et, sans attendre, sans hésiter, nous nous sommes pris par la main au milieu du monde, comme deux enfants, frère et sœur, qui veulent traverser la foule ; et la foule s'est écartée devant nous... Chacun nous a fait place, les obstacles se sont aplanis d'eux-mêmes, les difficultés de la vie ont cessé par miracle ; il est impossible enfin de ne pas reconnaître, en tout ce qui nous touche, comme un mystérieux appui de la Providence.

CLÉMENCE, *à part.*

De la Providence !...

DESMARETZ.

Bref, jusqu'à présent, il n'y a pas eu de nuages sur notre bonheur.

CLÉMENCE.

Et il n'y en aura jamais !

DESMARETZ.

Je l'espère !

CLÉMENCE.

J'en suis sûre, moi !

DESMARETZ, *à part.*

La fausseté n'a pourtant pas cette voix-là. (*Haut.*) Clémence ! Clémence !

CLÉMENCE.

Des larmes dans tes yeux !... tu souffres !... tu me caches quelque chose ! parle !... parle-moi, ouvre-moi ton cœur tout entier, si tu m'aimes ! Je le veux ! je t'en conjure !

DESMARETZ.

Eh bien ! un jeune fat, le baron de Maulincour, fait circuler sur toi des bruits terribles, et j'ai demandé à cet homme une explication qu'il me donnera demain chez lui.

CLÉMENCE.

Autant de folies, Paul, autant de mensonges! Est-il donc besoin que je me défende devant toi! Ne l'exige pas, et jure-moi que tu n'iras pas chez M. de Maulincour.

DESMARETZ.

J'irai, ne fût-ce que pour le frapper d'une main au visage et d'une épée au cœur !

CLÉMENCE.

Un duel ! un duel à mort ! oh ! non, non, cela ne doit pas être ! Écoute, Paul, je ne sais pas si cet homme est un méchant, mais, à coup sûr, c'est un fou, et on ne se bat pas avec les fous !... Ah !... le monde ! le monde !... je le hais cordialement, vois-tu ! nous sommes si heureux sans lui, pourquoi donc l'aller chercher ?... Promets-moi d'oublier tout cela !... O mon Dieu ! je souffre autant que toi, va ! je suis tout émue, tout oppressée, presque défaillante... Tiens, si tu m'aimes véritablement, fais demander notre voiture et emmène-moi !...

DESMARETZ.

Clémence, je suis bien malheureux !... je t'adore en te soupçonnant ! les paroles de cet homme m'ont frappé au cœur, elles y sont restées malgré moi pour le bouleverser ! Répète-moi donc que tu m'aimes encore, que tu m'aimes toujours !...

CLÉMENCE.

Mais, oui, oui, mille fois oui ! tu es aimé comme nul homme ne le sera jamais ! et je t'aimerai toujours mieux jusqu'à mon dernier souffle ! Voyons, as-tu encore des craintes ?... promets-moi d'oublier les paroles de ce fou ! promets-moi de ne point le voir, de ne point aller chez lui. Comment ? toi qui fais crédit à tant de gens de leur fortune, tu ne me ferais pas l'aumône d'un soupçon ? entre un fou et moi, c'est le fou que tu crois ! Ah ! j'en ai trop dit, un mot devait suffire !... et maintenant, si ton âme et ton front conservaient un nuage, quelque léger qu'il puisse être, ce serait un crime... oui, un crime !

DESMARETZ.

Eh bien ! ce n'est pas le mari jaloux qui te questionne, c'est l'amant, c'est l'ami, c'est le frère ! Parle, non pour te justifier, mais pour calmer d'horribles souffrances..

CLÉMENCE.

Ne me demande rien de plus ! sans quoi tu te créeras des remords éternels !... La confiance, c'est la vertu de l'amour...

DESMARETZ.

Oh ! si tu me trompes, tu mériterais...

CLÉMENCE.

Mille morts !... Mais, partons, au nom du ciel, partons. (*Maulincour, la duchesse et quelques personnes paraissent au fond.*)

SCÈNE VI

LES MÊMES, LA DUCHESSE, FERRAGUS, MAULINCOUR.

LA DUCHESSE, *à Desmaretz.*

Désolée, monsieur, d'interrompre ce charmant tête-à-tête

mais on organise une gavotte, et comme votre chère femme la danse à ravir, nous nous sommes permis de venir la chercher.

DESMARETZ.

Mille pardons, madame la duchesse, mais madame Desmaretz est fort souffrante.

LA DUCHESSE.

Vraiment?... Un malaise bien subit...

DESMARETZ.

Et... nous allions nous retirer...

LA DUCHESSE.

Si tôt !... (*Ferragus, vêtu d'une livrée, s'est approché de Clémence sans être vu.*)

FERRAGUS, *bas à Clémence.*

Courage ! (*Elle tressaille et le suit des yeux avec un sourire triste.*)

DESMARETZ, *bas à Maulincour.*

A demain, monsieur?

MAULINCOUR.

Si je ne meurs pas cette nuit...

DESMARETZ.

Que voulez-vous dire ?

MAULINCOUR.

Lisez l'impudent billet que je viens de recevoir. (*Le lui donnant.*) Lisez...

DESMARETZ, *lisant.*

Si le baron de Maulincour ne jure pas de quitter l'hôtel de Sérizy, sur l'heure, Paris demain, la France dans deux jours, il sera tué en duel avant la fin du bal...

MAULINCOUR, *élevant la voix.*

Vous le voyez, monsieur, c'est plus que de l'acharnement, c'est de la férocité!... Mais je me défendrai jusqu'à la fin, mort-diable!... On peut dire que je suis un fat, mais on ne dira jamais que je suis un lâche; au revoir donc, cher monsieur Desmaretz...

DESMARETZ.

Oui, au revoir! Je l'espère... j'y compte!... (*A Clémence.*) Votre bras, ma chère!

CLÉMENCE, *à part.*

O mon bonheur perdu!... (*Elle sort au bras de Desmaretz; Ferragus est resté au fond, épiant Maulincour et la duchesse.*)

MAULINCOUR.

Qui se serait douté de ce qui arrive? quand par curiosité, par désœuvrement, j'ai commencé à mettre le pied dans ces intrigues, je ne soupçonnais pas que l'existence de cette femme aboutissait à un abîme?... Qu'importe... advienne que pourra! je suis trop avancé pour reculer maintenant; mais je jure Dieu que si je suis perdu, elle le sera aussi!

LA DUCHESSE.

Elle l'est déjà, mon cher baron! son masque d'honnête femme est à jamais tombé et elle ne trompera plus personne! Ne craignez rien, allez!... je suis engagée autant que vous dans cette affaire, et malheur à vos ennemis, qui sont aussi les miens!... Vous avez suivi mon conseil, n'est-ce pas? Vous avez averti la police...

MAULINCOUR.

Oui, duchesse.

LA DUCHESSE.

Que ferez-vous, si vous êtes provoqué?...

MAULINCOUR.

Je vous certifie que je ne me battrai que si je connais parfaitement mon adversaire et que si c'est un homme de notre monde.

LA DUCHESSE.

Bien... Soyez prudent!

MAULINCOUR.

Je le serai!

LA DUCHESSE.

Venez donc là, voir monter en voiture le couple Desmaretz. (*Elle s'approche d'une fenêtre, et Maulincour, qui s'apprête à la suivre, aperçoit Ferragus et étouffe un cri ; Ferragus disparaît.)*

MAULINCOUR, *à part.*

Ah! est-ce une vision?... Si Ferragus n'était pas en terre depuis huit jours, je croirais que ce laquais... c'est du moins une ressemblance bien étrange! Oh! je le retrouverai, je saurai... *(Il s'éloigne à la recherche de Ferragus, qui reparaît presque aussitôt par une autre porte.)*

LA DUCHESSE, *regardant dehors.*

Les voici... venez donc. *(S'apercevant qu'il n'est plus là.)* Eh bien! il est parti... il m'a laissée seule...

FERRAGUS.

Vous n'êtes pas seule, madame la duchesse... *(Il marche lentement vers elle. Les portes se ferment.)*

SCÈNE VII

FERRAGUS, LA DUCHESSE.

LA DUCHESSE.

Qui donc ferme ces portes?... N'approchez pas... ou j'appelle!... n'approchez pas!.. *(Ferragus avance toujours; elle court à une sonnette, mais le cordon se brise dans ses mains : Ferragus la regarde avec un sourire ironique.)* Qui êtes-vous? que me voulez-vous?...

FERRAGUS.

Je vais vous le dire, madame... asseyez-vous...

LA DUCHESSE.

Mais...

FERRAGUS.

Asseyez-vous!...

LA DUCHESSE.

N'oubliez pas à qui vous parlez... n'oubliez pas que la duchesse de Langeais méprise les menaces et se venge des outrages!...

FERRAGUS.

La duchesse de Langeais ne peut rien contre moi.

LA DUCHESSE.

Enfin, de quoi s'agit-il ?

FERRAGUS.

D'une histoire un peu vieille déjà, mais qui vous intéressera, j'en suis sûr...

LA DUCHESSE.

J'attends !

FERRAGUS.

Il y a trente ans environ, un navire de guerre quittait pour la première fois un port français : sur ce navire il y avait, au premier degré de l'échelle sociale, un riche et brillant capitaine que sa naissance appelait de droit à toutes les jouissances et à tous les honneurs de la vie : au dernier degré, en descendant l'échelle, se trouvait un pauvre enfant de Paris, qui n'était ni méchant ni vicieux, je vous le jure, quoiqu'il eût passé ses premières années dans l'abandon, dans la misère, torturé par une marâtre qui venait de le jeter à l'Océan comme une créature perdue !

LA DUCHESSE.

Cela commence comme un roman...

FERRAGUS.

C'est donc la preuve qu'il y a des romans vrais.

LA DUCHESSE.

Continuez.

FERRAGUS.

Naturellement, le capitaine fut le lion et le dominateur du bord, comme le mousse en fut la bête noire et le souffre-douleur; mais l'enfant s'était habitué à souffrir, et pendant tout un long mois, il supporta assez bien les railleries et les coups. Un jour, rudoyé par les aspirants, battu par les matelots et se sentant bien triste, il se mit à pleurer en silence, le capitaine vint à passer et lui dit : « Mousse, je te défends de pleurer! que cela ne t'arrive plus, ou je te fais mettre aux fers. »

LA DUCHESSE, *souriant.*

C'était un homme bien cruel, ce capitaine.

FERRAGUS.

L'enfant fut de votre avis, madame ; et lui qui jusque-là avait tout enduré sans rien dire, il se révolta soudain, à l'idée que ce chef qui, seul dans l'immensité de l'Océan représentait la justice humaine, se mettait du côté des plus forts pour le torturer à son tour... « Votre pouvoir ne va pas si loin, osa-t-il répondre ; le droit de pleurer est le seul qu'on m'ait laissé en ce monde, et je le garde !... — Trois jours de fers à l'insolent ! s'écria le capitaine... — C'est une injustice, monsieur. — Six jours ! — Vous ne ferez pas cela, monsieur... — Vingt jours !... — Non ! non !... — Un mot de plus, et je te fais périr sous la corde !... » Ah ! alors, pour la première fois, le mousse comprit ce que c'était que la colère, et il sauta d'un bond à la gorge du capitaine ! Une heure plus tard, le conseil de guerre se réunit, et, comme le coupable était trop jeune pour mourir, à ce qu'il paraît, on daigna lui faire grâce de la vie ; mais il fut débarqué dans la première colonie qu'on rencontra, une colonie portugaise. On le fit interner dans les présides de la côte d'Afrique, et on l'y laissa au milieu des forçats, après lui avoir appliqué sur l'épaule les lettres infamantes.

LA DUCHESSE, *captivée malgré elle.*

Ensuite?...

FERRAGUS.

Ensuite, on ne s'occupa plus de lui, madame, et, pendant douze infernales années, c'est là qu'il apprit la vie, qu'il connut les hommes, qu'il sentit toutes les mauvaises passions s'emparer de son cœur une à une ! Enfin, quand il parvint à s'évader, après avoir poignardé deux de ses gardiens, c'était un lutteur résolu, énergique, impitoyable, et il rentra dans son pays natal avec une seule pensée dans la tête et dans l'âme : la vengeance !

LA DUCHESSE.

Il assassina le capitaine.

FERRAGUS.

Non ! l'homme qui avait brisé son existence était bien

loin, à l'abri de ses coups; mais, en partant, il avait laissé à Paris une jeune femme charmante, déjà mère, et qu'il adorait... Eh bien, le forçat parvint à se faire aimer d'elle, et il installa publiquement l'adultère dans la maison de son bourreau !...

LA DUCHESSE.

Infamie !

FERRAGUS.

Justice, madame! et ce grand seigneur frappé dans son orgueil, cet amant frappé dans son amour, ce mari frappé dans son honneur, s'appelait le duc de Navarreins, c'était votre père!...

LA DUCHESSE.

Non!... non!... c'est faux! c'est impossible! vous n'êtes qu'un imposteur infâme!

FERRAGUS.

Jamais paroles plus vraies ne sont tombées d'une bouche humaine... Quant au mousse, au forçat, au vengeur enfin, il s'appelait Ferragus!...

LA DUCHESSE.

Et Ferragus, c'est vous?...

FERRAGUS.

Non, madame; Ferragus est mort, et j'ai juré, moi, son ami, d'accomplir ses dernières volontés, et je serai implacable pour vous si vous ne cessez de persécuter Clémence Desmaretz...

LA DUCHESSE.

Elle! encore?

FERRAGUS.

Toujours!

LA DUCHESSE.

Je crois que vous osez me menacer?...

FERRAGUS.

Je ne vous menace pas encore, je me contente de vous avertir... et priez Dieu qu'il ne soit pas déjà trop tard... Voyons, madame, vous n'êtes pas méchante... pourquoi vouloir du mal à une étrangère qui ne vous en a jamais fait?... Votre haine n'a-t-elle pas une cause bien futile?... J'en connais l'origine...

LA DUCHESSE.

Vraiment?...

FERRAGUS.

Un soir de bal, plus lasse que jamais de cette vie creuse où l'on s'ennuie à force d'amusements, blasée de plaisirs frivoles et comme affamée de distractions, vous aviez daigné remarquer un homme qui n'était pas de votre monde, mais dont la personne révélait cette secrète noblesse du cœur qui impose!... c'était Paul Desmaretz!... Le caprice vous vint alors d'allumer un de ces incendies que vous ne prenez jamais la peine d'éteindre... et vous l'avez comme enveloppé de ces regards terribles dont vous avez le secret!... Par malheur, apparut au même instant une jeune fille, bien humble, bien modeste, et Paul Desmaretz, sans avoir même soupçonné l'honneur que lui faisait la grande dame, s'éprit spontanément de la petite bourgeoise, qu'il épousa peu de temps après... et voilà comment, au dépit de la vanité froissée, a pu se joindre ce sentiment jaloux, inspiré par la vue d'un ménage heureux à la femme que son mari délaisse et qui n'a point connu le véritable amour... C'est bien cela, n'est-ce pas?...

LA DUCHESSE.

Quel que soit le motif de ce que vous appelez ma haine contre votre protégée... vos insolentes menaces la légitiment et la justifient maintenant!

FERRAGUS.

Ah! prenez garde!

LA DUCHESSE.

Allons donc... Est-ce qu'une femme comme moi peut rien craindre d'un homme comme vous?

FERRAGUS.

Je croyais pourtant, madame, vous avoir donné quelques preuves de mon pouvoir.

LA DUCHESSE.

Voulez-vous parler de cette pauvre comédie de portes fermées et de cordons coupés; mais il vous a suffi pour cela de payer à boire à quelques-uns de ces drôles dont vous portez l'habit...

FERRAGUS.

Rappelez-vous, de grâce, la pierre de l'échafaudage et l'essieu brisé.

LA DUCHESSE.

Deux périls auxquels M. de Maulincour a échappé.

FERRAGUS.

Je doute qu'il échappe au duel de cette nuit.

LA DUCHESSE.

Comptez-vous donc m'assassiner aussi?...

FERRAGUS.

Ferragus n'a pas assassiné votre père. Nous avons des vengeances plus mystérieuses et plus terribles, nous autres! Pour la dernière fois, madame, prenez garde aux Treize!...

LA DUCHESSE.

Ah! oui, fort bien, ces Treize dont Paris a eu la naïveté de s'émouvoir?... Un mauvais ressouvenir des Francs Juges et des Carbonari... une histoire, mi-partie de fantômes et de voleurs... Un conte absurde, bon tout au plus à faire peur aux enfants...

FERRAGUS.

Vous riez mal, madame la duchesse, et la raillerie arrive à peine jusqu'à vos lèvres, car vous avez l'épouvante dans le cœur; car, en ce moment, vous ne doutez plus de l'existence des Treize.

LA DUCHESSE.

Monsieur...

FERRAGUS.

Je vous dis que vous n'en doutez plus, et vous avez raison!... Oui, madame la duchesse, il s'est rencontré sur la terre treize hommes également frappés du même sentiment, assez énergiques pour être fidèles à la même pensée, assez probes pour ne point se trahir, assez dévoués les uns aux autres pour confondre en une seule toutes leurs forces, assez hardis pour tout entreprendre et assez heureux pour avoir presque toujours réussi. Il y a dans Paris treize cœurs liés par un pacte terrible, qui renverse les obstacles, foudroie les volontés et donne à chacun d'eux la puissance diabolique de tous !... Treize frères qui s'appartiennent et se méconnaissent tous dans le monde, mais qui se trouvent réunis le soir, comme des conspirateurs, ne se cachant aucune pensée, usant tour à tour d'une fortune semblable à celle du Vieux de la montagne, ayant les pieds dans tous les salons, les mains au fond de tous les secrets, les têtes sur tous les oreillers ; treize rois inconnus, mais véritablement rois, et plus que rois, car ils sont tout en même temps des juges et des bourreaux ! Tremblez donc, si vous êtes coupable, car vous avez devant vous un de ces hommes-là, madame.

LA DUCHESSE.

Et... où... sont... les autres?...

FERRAGUS.

Partout et nulle part ! Ils vous enveloppent comme l'air invisible... ils vous regardent dormir... ils vous écoutent penser...

LA DUCHESSE.

Assez ! Laissez-moi ! laissez-moi !

FERRAGUS.

Adieu donc, madame... Suivez mes conseils, obéissez à mes ordres, et n'oubliez jamais que si Ferragus est mort, son âme plane toujours sur la terre ! Adieu ! (*Il entre dans le petit salon bleu, et dès qu'il a disparu, les portes se rouvrent aussi subitement qu'elles se sont fermées.*)

LA DUCHESSE.

A moi, à moi ! Venez! venez !... (*Madame de Sérizy et les Invités accourent de toutes parts.*

SCÈNE VIII

LA DUCHESSE, MADAME DE SÉRIZY, *puis* FERRAGUS, LUCIEN, DE MARSAY *et* RONQUEROLLES.

MADAME DE SÉRIZY.

Qu'avez-vous, chère belle ?... Qu'avez-vous donc ?...

LA DUCHESSE.

Approchez-vous, entourez-moi, protégez-moi !...

MADAME DE SÉRIZY.

Mais contre qui ?...

LA DUCHESSE.

L'avez-vous vu cet homme, ce démon qui m'a insultée. qui m'a menacée !...

MADAME DE SÉRIZY.

Ici ? chez moi ?...

LA DUCHESSE.

Ah ! je me souviens... C'est là qu'il est entré... je vous dis que c'est là...

MADAME DE SÉRIZY.

Mais, chère belle, il n'y a dans le salon bleu que mon frère qui fait paisiblement son whist avec quelques amis.

LA DUCHESSE.

Ouvrez cette porte, brisez-la s'il le faut...

MADAME DE SÉRIZY.

Remettez-vous, de grâce...

LA DUCHESSE.

Vous hésitez, vous refusez... Eh bien, j'irai moi-même. (*Elle s'élance vers la porte, qui se rouvre, et on voit reparaître Ferragus, vêtu avec richesse et distinction; il a les cheveux blancs et porte la toison d'or au cou.* Lui !... encore lui !...

MADAME DE SÉRIZY, *bas à la Duchesse en désignant Ronquerolles qui accompagne Ferragus.*

Vous voyez bien, chère belle...

FERRAGUS, *à Ronquerolles.*

Vive Dieu! monsieur de Ronquerolles, vous avez une chance infernale, et je renonce à lutter contre vous. Je vous demanderai ma revanche un autre soir.

RONQUEROLLES.

Quand il vous plaira, mon cher marquis.

FERRAGUS.

Mille grâces.

LA DUCHESSE, *à part.*

Allons, du calme! de la force!

RONQUEROLLES.

Que me dit-on? madame la duchesse est souffrante.

MADAME DE SÉRIZY.

Oui, elle vient même de nous alarmer sérieusement.

RONQUEROLLES.

Mais alors, il faut...

LA DUCHESSE.

Merci de votre intérêt, monsieur de Ronquerolles... Je suis mieux, beaucoup mieux. Pardonnez-moi, ma bonne Sérizy, et faites, je vous prie, agréer mes excuses à tous vos invités... J'ai dû vous sembler fort ridicule tout à l'heure, mais je m'explique maintenant ma sotte algarade... C'est la quatrième nuit que je passe au bal cette semaine, et, restée seule un instant, vaincue par la fatigue, je me suis assoupie sur cette causeuse, où quelque mauvais rêve m'aura éveillée en sursaut... Ce n'est rien, Dieu merci, j'en suis quitte pour la peur, et me voilà redevenue tout à fait vaillante!

FERRAGUS.

C'est un bonheur pour tous, madame la duchesse.

LA DUCHESSE, *avec interrogation.*

Monsieur ?...

FERRAGUS, *s'inclinant très-bas.*

Marquis de Funcal, madame... (*Il s'éloigne et va causer avec Ronquerolles sans perdre la Duchesse des yeux.*)

LA DUCHESSE, *à part.*

Ce changement subit, complet... C'est vraiment à douter que ce soit lui... et pourtant ce regard rivé sur moi... (*Bas à madame de Sérizy.*) Dites-moi, ma bonne Sérizy, connaissez-vous bien la personne qui parle en ce moment à votre frère ?...

MADAME DE SÉRIZY.

Mais cette personne-là vient de vous dire son nom. C'est le marquis de Funcal, un grand seigneur portugais, arrivé tout récemment de pays impossibles.

LA DUCHESSE.

Ah !

MADAME DE SÉRIZY.

On le dit riche comme Crésus ou comme Nucingen...

LA DUCHESSE.

Et vous êtes bien sûr que c'est réellement là le marquis de Funcal.

MADAME DE SÉRIZY.

Comment? Si j'en suis sûre? mais il est descendu à la Légation de Portugal, et c'est l'ambassadeur qui me l'a présenté lui-même.

LA DUCHESSE.

A la bonne heure.

MADAME DE SÉRIZY.

Du reste, je compte bien vous le présenter aussi.

LA DUCHESSE.

Non... non... c'est inutile... Mais à propos de présentations, où donc est le général Armand de Monriveau, que vous nous aviez promis pour ce soir ?

MADAME DE SÉRIZY.

Je ne l'ai pas encore vu, mais il ne peut tarder à venir.

LA DUCHESSE.

J'ai entendu faire de ses exploits comme général et de ses aventures comme voyageur des récits tellement merveilleux, que je suis fort curieuse de le voir; c'est un homme, à ce qu'il paraît, dont l'expérience a été un poëme en action, et qui a fait, à coups d'épée, de meilleurs romans que ceux que d'autres font à coups de plume.

MADAME DE SÉRIZY.

C'est le roi de ma fête, comme vous en êtes la reine; aussi, je suis heureuse et fière de mettre ces deux majestés en présence... Eh! tenez... le voici...

SCÈNE IX

Les Mêmes, MONRIVEAU.

MADAME DE SÉRIZY.

Vous vous êtes fait attendre, général...

MONRIVEAU, *lui baisant la main.*

Soyez assez indulgente, madame, pour m'excuser de ce retard et du motif qui l'a causé?

MADAME DE SÉRIZY, *souriant.*

Est-ce bien grave?...

MONRIVEAU.

Oh! non! une plaisanterie!... un duel!

TOUS.

Un duel!

MONRIVEAU.

Oui... une querelle imprévue, une rencontre fortuite, un fat à corriger, là, dans une allée du parc... Ces messieurs ont eu l'obligeance de se mettre à ma disposition et voilà qui est fini.

MADAME DE SÉRIZY.

Un duel, chez moi, au milieu d'une fête... mais c'est affreux...

MONRIVEAU.

Rassurez-vous, de grâce... Il y a eu égratignure tout au plus, et avant quinze jours, M. de Maulincour sera guéri.

LA DUCHESSE, *à part.*

La rencontre annoncée dans le billet... Et c'est le général...

FERRAGUS, *bas à Monriveau.*

Tu l'as épargné...

MONRIVEAU, *de même.*

Pourquoi tuer ce fou?...

LA DUCHESSE, *à part.*

Ils se sont parlé... ils se connaissent...

MONRIVEAU, *à madame de Sérizy.*

Ai-je mon pardon, madame?

MADAME DE SÉRIZY.

Vous ne me trompez pas, au moins... Monsieur de Maulincour n'est pas en péril... Vous me répondez de lui.

MONRIVEAU, *souriant.*

Je vous en réponds.

MADAME DE SÉRIZY.

Alors, je vous pardonne... Et maintenant, général, on vous réclame ici... Madame la duchesse de Langeais... j'ai l'honneur de...

LA DUCHESSE.

Pardon, chère, mais de monsieur à moi toute présentation est inutile, car la renommée s'en est chargée depuis longtemps.

MONRIVEAU.

C'est le premier bonheur que la gloire m'ait donné, madame...

LA DUCHESSE.

Le bonheur pour moi, général, serait d'entendre de votre bouche le récit de ces aventures merveilleuses qui m'ont si profondément intéressée; mais j'ai peur qu'il n'y ait de ma part beaucoup trop de présomption à vous en prier; si cependant vous me permettiez de vous inviter à venir chez moi, je vous dirais que vous me trouverez toujours, le soir, avant dix heures...

MONRIVEAU.

Et daignerez-vous m'accorder cette valse, madame?...

LA DUCHESSE.

Mon Dieu... c'est que je l'avais promise à ce pauvre monsieur de Maulincour; mais après tout, je n'ai pas le droit de la refuser à son vainqueur. (*Élevant la voix avec intention et regardant Ferragus.*) Je regrette vivement que le bal soit privé d'un de ses ornements les plus délicieux, Madame Paul Desmaretz, qui s'est éloignée d'une manière si soudaine... Moi, je suis tout à fait remise, et je vais danser jusqu'au jour.

MADAME DE SÉRIZY, *bas à la Duchesse.*

N'est-ce pas qu'il est fort bien?

LA DUCHESSE, *de même, avec indifférence.*

Mais oui, oui...

MONRIVEAU, *bas à Ferragus.*

Elle est vraiment charmante, cette madame de Langeais.

FERRAGUS, *de même.*

Prends garde, Armand.

MONRIVEAU.

Allons donc! mon cœur est bien mort, va!

FERRAGUS, *à part.*

Dieu le veuille! (*Ronquerolles, Lucien et De Marsay se sont approchés d'eux.*)

MONRIVEAU, *à Ronquerolles.*

Nous réunissons-nous cette nuit?

RONQUEROLLES.

Dans deux heures. (*A Ferragus.*) N'est-ce pas?

FERRAGUS.

Après le bal.

LUCIEN.

Rue Soly, toujours ?

FERRAGUS.

Non, la maison n'est plus sûre...

DE MARSAY.

Où donc, alors ?

FERRAGUS.

A l'hôtel Maulincour, dont nous allons prendre possession en surveillant le blessé.

RONQUEROLLES.

Convenu !

MONRIVEAU.

Et le mot de passe ?

FERRAGUS.

Force aux Treize !

MONRIVEAU.

C'est bien. (*Ils continuent à parler bas. La Duchesse est allée lentement prendre ses gants et son éventail sur la cheminée.*)

LA DUCHESSE, *à part.*

Je suis une Navarreins et je lutterai !... mais avant d'engager le combat, il me faut un talisman invisible, et c'est au fond de votre cœur que j'irai le chercher, monsieur de Monriveau ! Oui ! si l'un me hait, l'autre m'aimera !

MONRIVEAU, *s'approchant d'elle.*

Je suis à vos ordres, madame !

LA DUCHESSE.

Votre bras, général...

FIN DU DEUXIÈME ACTE.

ACTE TROISIÈME

L'HOTEL DE MAULINCOUR

—

SCÈNE PREMIÈRE

MONRIVEAU, LA DUCHESSE, UN LAQUAIS.

LE LAQUAIS, *introduisant la Duchesse et Monriveau.*

Que monsieur et madame veuillent bien prendre la peine d'attendre au salon quelques instants.

LA DUCHESSE.

C'est vraiment beau, cet hôtel Maulincour.

MONRIVEAU.

Quelle folie à vous d'être venue ici, madame !

LA DUCHESSE.

Oh ! plus de sermons, n'est-ce pas, général ?

MONRIVEAU.

Vous tenez donc bien à voir ce monsieur de Maulincour ?

LA DUCHESSE.

Vous tenez donc bien à ce que je ne le voie pas ?

MONRIVEAU.

Mais madame...

LA DUCHESSE.

Allons, avouez-le, cette visite vous contrarie un peu ?

MONRIVEAU.

Pourquoi me contrarierait-elle ?

LA DUCHESSE.

Ah ! pourquoi ? C'est là qu'est le secret, général, et, en

fait de secrets, je ne connais pas d'homme plus verrouillé, plus cadenassé, plus fermé à double tour que monsieur Armand de Monriveau.

MONRIVEAU.

Duchesse!

LA DUCHESSE.

Voyons, pour en revenir à cette visite, qu'y a-t-il de plus simple et de plus naturel que je vienne apporter à ce pauvre blessé, dont je suis la parente, mon compliment de convalescence? (*Au Laquais.*) Allez prévenir votre maître.

LE LAQUAIS.

Qui dois-je annoncer à monsieur le baron?

LA DUCHESSE.

Madame la duchesse de Langeais...

LE LAQUAIS.

Et monsieur le général Monriveau?

LA DUCHESSE.

Tiens, cet homme vous connaît?

MONRIVEAU, *à part.*

Maladroit!

LE LAQUAIS, *après avoir échangé un signe avec Armand.*

Je sors de chez monsieur de Ronquerolles, où monsieur le général va souvent.

MONRIVEAU, *à part.*

Pas trop mal. (*Haut.*) N'annoncez que madame la duchesse. (*Le Laquais sort.*)

SCÈNE II

LA DUCHESSE, MONRIVEAU.

LA DUCHESSE.

Savez-vous, général, que vous m'intriguez au possible, et que vous me faites l'effet d'une énigme vivante!

MONRIVEAU.

Moi?

LA DUCHESSE.

Oui, vous me plongez à chaque minute dans des étonnements fabuleux... par exemple, voilà une maison dans laquelle les laquais vous connaissent et où vous marchez avec aisance comme si c'était la vôtre... je suppose pourtant que c'est la première fois que vous venez ici ?

MONRIVEAU.

Pourquoi supposer cela, duchesse ?

LA DUCHESSE.

Vous êtes déjà venu à l'hôtel Maulincour ?

MONRIVEAU.

Mais oui, et même assez fréquemment.

LA DUCHESSE.

Qu'y veniez vous faire ?

MONRIVEAU.

Mais, acte de politesse, de savoir-vivre. Je venais, en adversaire courtois, prendre des nouvelles de l'homme qui avait croisé le fer avec moi.

LA DUCHESSE.

Vous avez réponse à tout... Comment se fait-il que vous ne me l'ayez jamais dit ?

MONRIVEAU.

C'était si peu important que je n'y ai pas même songé.

LA DUCHESSE.

Vous avez eu tort ; vous devriez savoir qu'on ne nous fait mystère de rien, pas même des plus petites choses, à nous autres femmes, quand on prétend avoir quelque affection pour nous.

MONRIVEAU.

Ce n'est pas vous cependant qui pouvez douter de la mienne.

LA DUCHESSE.

Et pourquoi donc n'en douterais-je pas ? qu'avez-vous donc fait pour me la prouver ?

MONRIVEAU.

Ce que j'ai fait, vous me le demandez !

LA DUCHESSE.

Mais certainement je vous le demande ! vous êtes quelquefois aimable... et encore pas toujours, les grands hommes sont comme les jolies femmes, ils ont aussi leurs caprices. Vous me rendez toute sorte de petits services, vous me comblez de jolis cadeaux, vous me menez au bal de temps à autre, vous venez, à peu près tous les soirs, vous ennuyer avec votre indigne servante, vous laissez votre voiture à ma porte des heures entières et vous ne demanderiez pas mieux que de me compromettre suffisamment... Eh bien, après? Mais, mon cher général, je n'ai qu'à autoriser d'un regard ou d'un mot le premier venu de mes danseurs à en faire autant, et il protestera aussi de sa violente passion pour ma petite personne, et je n'en serai pas convaincue le moins du monde parce qu'il se sera tout simplement attelé à mon char, comme disent les romans.

MONRIVEAU.

Ainsi, vous me confondez avec ces poupées de salon qui tourbillonnent autour de vous?

LA DUCHESSE.

Oh ! non, je ne vous fais pas cette injure-là, général; j'ai voulu dire seulement que vous ne m'aviez pas encore donné de vos sentiments une preuve décisive...

MONRIVEAU.

Mais, demandez-la-moi donc, cette preuve? demandez-la-moi...

LA DUCHESSE.

Cela viendra peut-être... Et pourtant je gagerais que vous maudissez déjà mon pouvoir, parce que je vous ai décidé à m'accompagner ici, malgré votre évidente répugnance...

MONRIVEAU.

Madame...

LA DUCHESSE.

Il me passe d'étranges idées par la tête, allez... Si je vous disais que je suis presque certaine que c'est le dévouement de monsieur de Maulincour à ma personne qui lui a valu ce coup d'épée?

MONRIVEAU.

Quelle folie!

LA DUCHESSE.

La main qui l'a blessé est innocente peut-être... et encore je n'en suis pas bien sûre.

MONRIVEAU.

Vous pourriez croire....

LA DUCHESSE.

Je crois que vous avez au fond du cœur des mystères que vous ne me dévoilerez pas, des amitiés que vous ne me sacrifierez jamais... j'ai même parfois à ce sujet comme des pressentiments sinistres... Oui... il me semble que, si un grand malheur doit me frapper, c'est vous qui en serez la cause... vous ou vos amis?

MONRIVEAU.

Ah! malheur à quiconque oserait, moi vivant, toucher à un seul de vos beaux cheveux!

LA DUCHESSE.

Merci... Voilà un accent vrai!

MONRIVEAU.

Et maintenant que j'ai répondu de vous sur ma vie, je vais vous quitter, ma chère duchesse; il ne convient pas que je me trouve en face de M. de Maulincour, et je vous attendrai dans votre voiture devant l'hôtel, où personne n'entrera sans que je le voie... Seulement, j'ai une promesse à vous demander...

LA DUCHESSE.

Une promesse peut mener loin.

MONRIVEAU.

Oh! celle-ci ne se rattache en rien à mes sentiments pour vous...

LA DUCHESSE.

Parlez alors...

MONRIVEAU.

Promettez-moi qu'entre vous et M. de Maulincour il ne sera point question de madame Desmaretz.

LA DUCHESSE.

Il y aurait danger pour moi?

MONRIVEAU.

Je ne dis pas cela, mais...

LA DUCHESSE.

M. de Maulincour peut venir. Partez.

MONRIVEAU.

Au revoir, duchesse... (*A part.*) Ah! quoi qu'il arrive, je veille sur elle, et je saurai bien l'empêcher de se perdre...

LA DUCHESSE.

Mais partez donc, général...

MONRIVEAU.

A bientôt, n'est-ce pas?...

LA DUCHESSE.

Oui, oui! (*Monriveau sort.*) Pauvre Armand, comme il m'aime! Oh! c'est là qu'est ma force!... Grâce à lui, me voilà dans la place... et monsieur de Maulincour va me dire ce que je veux savoir...

SCÈNE III

MAULINCOUR, LA DUCHESSE.

MAULINCOUR.

La duchesse de Langeais près de moi... chez moi... Ah! c'est vraiment comme une apparition céleste.

LA DUCHESSE.

Toujours flatteur, mon cher baron!

MAULINCOUR.

Toujours vrai, madame... mais me pardonnez-vous de vous recevoir dans un négligé aussi peu présentable.

LA DUCHESSE.

Comment donc! mais je le trouve du meilleur goût.

MAULINCOUR.

Trop indulgente, madame, car depuis vingt-cinq jours

que je suis comme séquestré du monde, la mode doit avoir changé trente fois pour le moins.

LA DUCHESSE.

Voilà une chose que la mode ne se serait pas permise en votre absence, elle a trop de savoir-vivre pour ne pas vous attendre.

MAULINCOUR.

Ainsi c'est vous, c'est bien vous?

LA DUCHESSE.

Je suis ravie que ma visite vous fasse quelque plaisir.

MAULINCOUR.

Du plaisir! mais c'est du transport, c'est de l'extase, c'est de l'ivresse !

LA DUCHESSE.

Calmez-vous, mon cher convalescent...

MAULINCOUR.

Votre présence me rend à la fois l'espoir, la raison, la lumière; elle me donne une certitude dont j'avais besoin! elle me prouve que cette maison n'est pas un tombeau, et que tout le monde ne m'a pas abandonné !

LA DUCHESSE.

Abandonné, vous?

MAULINCOUR.

C'était à le croire, car depuis que de l'hôtel de Sérizy on m'a transporté dans cette chambre, je n'ai vu que le visage de mon médecin...

LA DUCHESSE.

Vraiment?

MAULINCOUR.

Mon Dieu! oui, ce qui manquait de charme, je vous le jure; car si le docteur Desplein n'est pas beau, en revanche, il est fort brutal.

LA DUCHESSE.

Mais vos amis? vos parents?

MAULINCOUR.

Ils se sont contentés de me faire passer leurs noms.

LA DUCHESSE.

Voilà qui est étrange!

MAULINCOUR.

Je n'étais pas absolument sans inquiétude, je vous l'avoue, je voyais dans cette espèce de séquestration une suite peu rassurante de l'essien brisé, de la pierre de l'échafaudage et de mon dernier duel. Chaque fois que ma blessure m'a donné le délire, j'ai vu à mon chevet l'homme de la rue Soly, et à force de le regarder, je distinguais parfaitement des pieds fourchus et des griffes longues de ça.

LA DUCHESSE.

Oui, la fièvre a de ces illusions... Et cet homme,... il était toujours seul?

MAULINCOUR.

Mais...

LA DUCHESSE.

Personne ne l'accompagnait jamais?

MAULINCOUR, *baissant la voix.*

Si...

LA DUCHESSE.

Qui donc?

MAULINCOUR.

Elle!... Chut... N'avez-vous rien entendu?

LA DUCHESSE.

Mais... absolument rien...

MAULINCOUR.

Cependant...

LA DUCHESSE.

Voyez donc, mon cher monsieur de Maulincour, il fait une admirable journée, le soleil inonde cette fenêtre. Paris bourdonne à deux pas de nous, et ce n'est, vous en conviendrez, ni l'heure des spectres ni l'heure des crimes.

MAULINCOUR.

Vous avez raison.

LA DUCHESSE.

Ainsi, vous êtes certain qu'elle est venue ici?

MAULINCOUR.

Hier soir, encore, ils étaient tous les deux dans ce salon.

LA DUCHESSE.

Ah!

MAULINCOUR.

De ma chambre j'entendais chuchoter, la curiosité m'a pris... je me suis levé sans bruit... j'ai regardé par le trou de la serrure... et je les ai vus comme je vous vois; elle était debout près de la cheminée, elle pleurait, l'homme s'est approché d'elle et l'a embrassée en pleurant aussi.

LA DUCHESSE.

Et cette fois, vous ne rêviez pas? vous n'aviez pas le délire?

MAULINCOUR.

Je crois que non, et pourtant je n'en répondrais pas, tant le fantastique et le réel se mêlent étrangement dans mon pauvre cerveau.

LA DUCHESSE, *prenant un mouchoir sur la cheminée.*

Le doute n'est pas possible, lisez les initiales brodées là.

MAULINCOUR.

Un C et un D.

LA DUCHESSE.

Clémence Desmaretz!... La voilà donc enfin, cette preuve!

MAULINCOUR.

Que voulez-vous dire?

LA DUCHESSE.

Je veux dire qu'avant une heure, le mari saura où sa vertueuse femme a oublié ceci.

MAULINCOUR.

Oh! vous ne ferez pas cela, madame!

LA DUCHESSE.

Je le ferai.

MAULINCOUR.

Mais, c'est vous perdre, madame, c'est me perdre avec vous.

LA DUCHESSE.

Ah! vous avez peur!

MAULINCOUR.

Eh bien oui, madame! j'ai peur de ces ennemis invisibles, qui semblent tenir dans leurs mains chaque minute de notre existence, et au nom de votre repos, au nom de votre sûreté, je vous prie de ne pas vous aventurer plus loin dans ce labyrinthe sinistre!...

LA DUCHESSE.

Vous êtes libre, monsieur, de renoncer à la lutte, mais je n'y renonce pas, moi, et je suivrai jusqu'au bout la route qui m'est tracée!

MAULINCOUR.

Ah! madame, madame! (*Elle sort.*)

SCÈNE IV

MAULINCOUR *seul, puis* LE LAQUAIS.

MAULINCOUR.

Allons! voilà encore de belles équipées... Ah! mais, que l'enragée duchesse s'en tire toute seule et comme elle pourra, vive Dieu! j'ai bien acquis à mes dépens le droit d'être un peu égoïste... Au diable donc, intrigues, remords et terreurs!... Je ne veux plus songer qu'au bonheur d'être libre, et j'ai hâte de reprendre gaiement ma bonne vie parisienne! (*Ouvrant la porte et appelant.*) Jacob! Jacob!... Personne là? comment se fait-il que je ne voie plus depuis quelques jours mon vieux valet de chambre? (*Il sonne.*) C'est si bon de se sentir revivre, de reprendre possession, comme un avare, de tous les trésors qu'on croyait à jamais perdus!

LE LAQUAIS, *entrant.*

Monsieur a sonné?

MAULINCOUR.

Où est Jacob?

LE LAQUAIS.

Jacob, monsieur?

MAULINCOUR.

Eh! parbleu oui, Jacob, mon valet de chambre?

LE LAQUAIS.

Mais monsieur le baron ne se rappelle donc plus qu'il l'a renvoyé?

MAULINCOUR.

Comment? j'ai renvoyé Jacob, moi?

LE LAQUAIS.

Certainement, monsieur, et c'est moi, Joseph, qui l'ai remplacé.

MAULINCOUR.

Voilà qui est bizarre, par exemple, je n'ai aucune idée...

LE LAQUAIS.

Il y a de cela une quinzaine de jours, au moins.

MAULINCOUR.

Allons, c'est bien, envoyez-moi Baptiste alors...

LE LAQUAIS.

Baptiste, monsieur?

MAULINCOUR.

Eh! oui, le valet de pied...

LE LAQUAIS.

Monsieur voulait dire Jérôme.

MAULINCOUR.

Se moque-t-on de moi, à la fin?

LE LAQUAIS.

Dame! monsieur, le valet de pied qui est entré ici deux jours avant moi s'appelle Jérôme.

MAULINCOUR.

Pour le coup, c'est trop fort... Il paraît que j'ai fait maison nette pendant ma maladie... mais c'est inouï que je ne me rappelle absolument rien...

LE LAQUAIS.

Monsieur le baron a été malade, très-malade, il avait des accès de colère terribles, et dans ces moments-là il chassait tout le monde... tout le monde...

MAULINCOUR.

Qu'on attèle le landau, je vais au bois... Allez me chercher mes lettres et mes journaux chez le concierge...

LE LAQUAIS.

Monsieur veut dire la concierge.

MAULINCOUR.

Comment? il y a une femme à la loge, maintenant?

LE LAQUAIS.

Mais oui, monsieur...

MAULINCOUR.

Germain s'est donc marié?

LE LAQUAIS.

J'ignore, monsieur, si Germain s'est marié; mais ce qu'il y a de certain, c'est que la nouvelle concierge s'appelle madame Gruget...

MAULINCOUR, *à part.*

Elle ici!... elle, la mère de cette coquine d'Ida! le vieux cerbère de la rue Soly!... (*Haut.*) Ah! pour le coup, c'est trop d'audace, et je saurai bien prouver que je suis encore le maître chez moi... Sortez!... (*Ferragus paraît au fond : habit noir, cravate blanche, tenue de médecin.*)

SCÈNE V

LES MÊMES, FERRAGUS.

FERRAGUS.

Qu'y a-t-il donc?

LE LAQUAIS.

C'est monsieur le baron qui a un accès.

MAULINCOUR, *avec menace.*

Drôle!... (*Ferragus se place entre Maulincour et le laquais, qu'il congédie du geste.*) Cet homme...

FERRAGUS.

Permettez-moi de vous gronder, monsieur le baron, dans la situation de santé où vous êtes, il n'y a rien de plus pernicieux que l'emportement, la violence.

MAULINCOUR.

Qui êtes-vous?

FERRAGUS.

Je suis votre médecin.

MAULINCOUR.

Vous?

FERRAGUS.

Du moins, je remplace aujourd'hui, par exception, l'honorable confrère qui vous a donné ses soins jusqu'à présent.

MAULINCOUR.

Mille grâces, monsieur, mais je n'ai plus besoin de personne, je suis guéri.

FERRAGUS.

Monsieur le baron se trompe, il est plus que jamais en danger, et il n'y a que moi qui puisse réellement le guérir.

MAULINCOUR, *à part.*

Cette voix!

FERRAGUS.

Veuillez vous asseoir, je vous prie... asseyez-vous! Bien... maintenant donnez-moi votre bras... le pouls n'est pas trop mauvais... Cependant, pour vous, ce serait jouer fort gros jeu que de rester un jour de plus à Paris.

MAULINCOUR, *à part.*

C'est lui!

FERRAGUS.

Vous avez donc sagement fait, monsieur le baron, d'écouter les conseils du docteur Desplein et de vous décider à voyager dans les pays chauds.

MAULINCOUR.

Partir? moi... comment cela?... mais je n'ai rien promis... mais... (*Ferragus sonne, le Laquais rentre.*

FERRAGUS.

Les malles de monsieur de Maulincour sont elles achevées?

LE LAQUAIS.

Oui, monsieur.

MAULINCOUR.

Mes malles?

FERRAGUS, *au Laquais.*

Les chevaux de poste ont-ils été commandés pour quatre heures?

LE LAQUAIS.

Oui, monsieur.

MAULINCOUR.

Des chevaux de poste?

FERRAGUS, *au Laquais.*

Bien! (*Le Laquais se retire.*)

MAULINCOUR.

Ah çà! mais à la fin, que signifie?

FERRAGUS.

Cela signifie que vous allez faire un voyage en Sicile.

MAULINCOUR.

Ah! par exemple...

FERRAGUS.

Mon Dieu, oui... les malles sont prêtes, les chevaux commandés... il ne manque plus qu'une chose.

MAULINCOUR.

Mon consentement, je présume.

FERRAGUS.

Non pas, nous l'avons.

MAULINCOUR.

Ah!... Ah! vous l'avez?

FERRAGUS.

Oui!...

MAULINCOUR.

Fort bien, et que manque-t-il, alors?

FERRAGUS.

L'argent nécessaire pour un grand voyage, pour une longue absence... Cet argent, je vous l'apporte... et je suis chargé de vous remettre trois cent mille francs en billets de banque et en lettres de crédit, lorsque vous aurez signé cet acte.

MAULINCOUR.

Qu'est-ce encore que cela ?

FERRAGUS.

Un acte authentique, dressé, d'après vos ordres, par Me Crottat, votre notaire, et par lequel, moyennant cent mille écus payés comptant, vous vendez à M. le marquis de Funcal votre hôtel de la rue de Varennes.

MAULINCOUR.

Vendre mon hôtel, moi !

FERRAGUS.

Voici l'argent... Vous le voyez, ce n'est pas à votre bourse qu'on en veut... Allons, signez...

MAULINCOUR.

Jamais !

FERRAGUS.

Mais vous ne m'avez donc pas compris?... Signez, ou vous êtes perdu !

MAULINCOUR.

Je ne signerai pas !...

FERRAGUS.

Ah ! prenez garde... On peut éviter les accidents de la rue, on peut même échapper à un coup d'épée, mais il y a de certains poisons qui ne pardonnent jamais !...

MAULINCOUR.

Hein ?...

FERRAGUS.

Certains poisons dont j'ai particulièrement étudié, comme médecin, les terribles effets !... Ce n'est pas toujours la mort immédiate, il est vrai... C'est quelque chose de plus horrible encore... Les cheveux blanchissent et tombent, la peau se ride, se flétrit, se dessèche... Plus de sang sous la chair, plus d'intelligence dans le front... La prunelle est immobile et blanche, la bouche reste hideusement béante, et de ce qui fut un homme on ne trouve plus qu'un informe et douteux débris. (*Il étend le bras vers Maulincour.*)

MAULINCOUR, *reculant avec effroi.*

Ne me touchez pas ! ne me touchez pas !

FERRAGUS.

Signez alors.

MAULINCOUR, *terrifié et signant.*

Voici! (*Il jette la plume avec colère.*)

FERRAGUS, *lui remettant les valeurs.*

Voilà!... Inutile d'ajouter, n'est-ce pas, que je compte sur votre entière discrétion, en pays étranger comme à Paris? Ce sera pour vous une question de vie ou de mort.

LE LAQUAIS, *rentrant.*

La chaise de poste est arrivée et tout est prêt pour le départ de monsieur. (*Il sort après avoir donné à Maulincour un manteau de voyage.*)

FERRAGUS.

Adieu donc, mon cher baron.

MAULINCOUR.

Eh bien, soit! je pars! Mais je jure Dieu que si une revanche heureuse vous met un jour dans mes mains, comme je suis aujourd'hui dans les vôtres, je ne vous ménagerai pas, allez, vous, monsieur le commissionnaire, monsieur le laquais, monsieur le marquis, monsieur le médecin, monsieur le diable. (*Avec explosion.*) Et tout cela pour avoir suivi une femme dans la rue! (*Il sort furieux.*)

SCÈNE VI

FERRAGUS, *seul.*

Le voilà parti! ce fat, qui aurait payé plus cher sa curiosité si, protégé par les prières d'Armand, par celles de Clémence surtout, il n'avait pas fini par m'inspirer plus de dédain que de crainte!... Je n'ai plus en face de moi maintenant que la duchesse de Langeais... Cette femme... j'ai promis à Clémence de l'épargner aussi... Malheur à elle pourtant si l'amour insensé de Monriveau l'enhardissait à me nuire! Allons, loin de moi les préoccupations sérieuses, les combinaisons terribles... Clémence va venir... Quel dévouement, quel cœur chez cet ange!... Malgré les difficultés, les inquiétudes, les périls de toute sorte, elle n'a pas manqué un seul jour au rendez-vous que lui donnait celui qui l'aime tant! Hier, c'était dans un bouge infect, aujourd'hui c'est dans un palais, et demain ce sera je ne sais où... sur les degrés d'un échafaud peut-être!... (*Clémence entre précipitamment.*)

SCÈNE VII

FERRAGUS, CLÉMENCE.

FERRAGUS, *courant à elle.*

Clémence, ma chère Clémence!

CLÉMENCE.

Vous êtes bien seul?

FERRAGUS.

Oui, je t'attendais avec impatience... Mais pourquoi ce trouble, cette pâleur?...

CLÉMENCE.

Ah! j'en mourrai!

FERRAGUS.

Mais qu'y a-t-il donc? Voyons, calme-toi, réponds-moi.

CLÉMENCE.

Mon mari a des soupçons qui me déchirent le cœur, qui me désespèrent. Il me fait épier... il m'épie lui-même... et notre existence, autrefois si calme, si heureuse, est devenue intolérable... Oh! je vous en conjure, ayez pitié de moi, délivrez-moi, n'exigez plus de moi l'impossible; car si cette contrainte que vous m'imposez devait durer deux jours encore, j'en mourrais!

FERRAGUS.

Quels motifs as-tu donc de t'alarmer ainsi?

CLÉMENCE.

J'en ai mille!... La lettre que vous m'avez écrite au commencement de la semaine ne m'a pas été remise, et c'est entre les mains de mon mari qu'elle est certainement tombée.

FERRAGUS.

Qu'importe? Cette lettre ne contenait rien qui pût nous compromettre ou nous trahir.

CLÉMENCE.

Hier, après vous avoir quitté, j'avais à peine eu le temps de rentrer chez moi, sans être vue, par l'escalier de service, et de me jeter, brisée de fatigue, sur un fauteuil, lorsqu'il entra brusquement dans ma chambre, et d'une voix qu'il cherchait à rendre indifférente, il me demanda si j'étais sortie ; je répondis que non, et alors, prenant mon chapeau que j'avais jeté sur un meuble, il me montra du doigt quelques gouttes de pluie qui en avaient taché le velours... Je courbai la tête comme une coupable ; je fondis en larmes, et après m'avoir lancé un regard terrible, il alla s'enfermer jusqu'au lendemain dans son cabinet de travail. Ah ! s'il m'a suivie, s'il pénètre dans cet hôtel... c'en est fait de nous... tout est perdu.

FERRAGUS.

Ne t'alarme donc pas et crois fermement à l'avenir. Certes, j'aurais parlé depuis longtemps si je n'avais pas craint de compromettre ton repos et ton bonheur, car Paul Desmaretz, caractère simple, probité modeste, réglant son opinion sur celle du monde, respectant les préjugés comme des lois, eût reculé avec horreur si le vrai Ferragus se fût dressé devant lui, sans masque, tout d'une pièce !...

CLÉMENCE.

Oui, et c'est cette pensée-là qui me glace le cœur !...

FERRAGUS.

Allons ! encore un peu de courage, ma Clémence; demain nous pourrons parler, demain nous n'aurons plus rien à craindre, et quand j'aurai le droit absolu de m'appeler devant tous le marquis de Funcal, quand Sa Majesté Jean VI, roi de Portugal, aura été mon complice, il n'y aura pas sur la terre une seule voix qui puisse me démentir, un seul regard qui puisse reconnaître en moi Ferragus le forçat !... (*Vers les derniers mots, Desmaretz est entré lentement sans être vu.*)

SCÈNE VIII

LES MÊMES, DESMARETZ.

DESMARETZ, *une arme à la main.*

Misérable !

CLÉMENCE, *se jetant entre eux.*

Paul ! c'est mon père !...

DESMARETZ, *reculant.*

Son père !... Oh !...

CLÉMENCE.

Voilà ce secret que tu as voulu connaître...

DESMARETZ.

Secret de honte et d'infamie !

CLÉMENCE.

Ah ! tu viens de tuer notre bonheur !...

DESMARETZ.

Laissez-moi! laissez-moi!... Lorsque je me suis jeté dans cette chambre, le cœur bondissant, la tête perdue, c'est un amant que je croyais trouver en face de moi, et sans pitié pour la femme criminelle, éteignant mon amour dans mon mépris et lavant mon opprobre dans le sang, j'aurais étendu mort à mes pieds le larron d'honneur... Arme inutile maintenant, colère impuissante, vengeance impossible, cet homme est son père ! Ah ! que je souffre ! que je souffre !

FERRAGUS.

Ne parlez pas de votre souffrance, monsieur, car elle n'est rien, comparée à celle qui me déchire... Y a-t-il, en effet, une torture plus atroce pour un père que de trouver un ennemi dans le mari de sa fille ?

DESMARETZ.

Un ennemi ?

FERRAGUS.

Oui !... et le plus implacable que j'aie jamais rencontré ! Le malheureux ! sa première pensée n'a pas été que je pouvais être innocent... Ah ! du moins, ce fut la tienne, ma Clémence, et je t'en ai bénie... Mais regardez-moi donc, monsieur, et demandez-vous si ce n'est pas une injustice de me haïr ?

DESMARETZ.

Je n'ai pas dit que je vous haïssais.

FERRAGUS.

Ce n'est que du mépris, alors... mais, quel que soit mon passé, entendez-vous, ce mépris ou cette haine que je brave ne doivent retomber que sur ma tête !... Clémence n'est pas coupable, elle, et vous n'avez pas le droit de l'accuser.

DESMARETZ.

Ne m'a t'elle pas trompé... odieusement trompé ?

CLÉMENCE.

Non, non, je te l'atteste... je te le jure !... Quand nous nous sommes aimés, quand tu es devenu mon mari, je me croyais orpheline, je ne savais rien de ma naissance ; le mystère de ma destinée ne me fut révélé qu'au lit de mort de l'excellente femme qui m'avait élevée et que j'ai longtemps chérie comme une mère ! Je sus alors qu'il y avait sur la terre un homme dont j'étais toute la vie, tout l'amour, que ta fortune était son ouvrage et qu'il t'aimait, qu'il était exilé de la société, qu'il portait un nom flétri, qu'il en était plus malheureux pour moi, pour nous, que pour lui-même. Ce fut au chevet de la mourante que j'aperçus mon père pour la première fois, et quand après m'avoir tout révélé, il releva ses yeux pleins de larmes et me serra dans ses bras, je lui fis sans hésiter le serment qu'il demandait.

DESMARETZ.

Dites le mensonge plutôt.

CLÉMENCE.

J'avais juré non pas de mentir, mais de garder le silence ; ma faute est d'avoir douté de toi ; mais que veux-tu ? j'ai tremblé pour mon amour, la pensée que tu pourrais un jour ne plus aimer la fille de Ferragus autant que tu aimais ta Clémence nous fermait la bouche à tous les deux ! Oh ! sans cette pensée, qui me remplissait d'une terreur profonde, t'aurais-je caché quelque chose... à toi?... Voilà ma confession, et, sur ma vie éternelle, j'ai dit la vérité !

FERRAGUS.

Qui donc oserait ne pas te croire ?

CLÉMENCE.

J'attends mon arrêt, maintenant, et c'est à genoux que je veux l'attendre...

FERRAGUS.

Non, Clémence, non, reste debout et lève fièrement la tête... Il n'y a que les coupables qui s'humilient... Allons, parlez, monsieur.

DESMARETZ.

C'est à elle seule que je parle... Cette fortune que je croyais n'avoir conquise qu'à force de travail et de probité, n'avez-vous pas dit que je la devais à cet homme ?

CLÉMENCE.

Je l'ai dit.

DESMARETZ.

Qu'elle soit maudite alors, cette opulence dont la source est impure... Oh ! je saurai bien m'en dépouiller plus vite encore que je ne l'ai acquise ; elle me fait horreur !... On ne dira point que Paul Desmaretz a spéculé sur la complicité d'un forçat et sur la honte de sa femme !

FERRAGUS.

Monsieur !

CLÉMENCE.

Oh ! je le vois, tout est fini, tu ne m'aimes plus... tu me répudies... tu me chasses !...

DESMARETZ.

Eh bien ! non, non, je t'ai trop aimée pour ne pas t'aimer encore, pour ne pas t'aimer malgré tout...

CLÉMENCE.

Est-ce possible ?

DESMARETZ, *lui ouvrant les bras.*

Clémence ! ce qui s'est passé là n'est qu'un mauvais rêve, oublions-le ! nous recommencerons la vie, nous quitterons

Paris, la France, l'Europe même ; notre amour doublera notre courage et il y aura encore pour nous des jours de bonheur... si tu le veux.

CLÉMENCE.

Si je le veux ?...

DESMARETZ.

C'est de toi, maintenant, que dépend notre avenir.

CLÉMENCE.

De moi? de moi?...

DESMARETZ.

Oui, de toi seule !... ne me comprends-tu pas?

CLÉMENCE.

Non...

DESMARETZ.

Eh bien! il faut que le secret de ta naissance meure entre nous trois!... Il faut que tu me jures de ne jamais revoir cet homme...

FERRAGUS.

Oh!

CLÉMENCE.

L'abandonner, le renier, lui, mon père!

DESMARETZ.

Préfères-tu renier ton mari ?

CLÉMENCE.

Paul!

DESMARETZ.

L'un de nous deux est de trop et doit disparaître... lui ou moi, choisis...

CLÉMENCE.

Oh! cela n'est pas, et j'ai mal entendu... Il est impossible que tu exiges de moi un sacrifice aussi cruel!

DESMARETZ.

A ce prix-là, seulement, j'oublierai tout! Si tu refuses, c'est moi que tu ne reverras jamais, et Dieu sait pourtant si je t'aime!

FERRAGUS.

Vous l'aimez? en vérité, et moi donc?... Croyez-vous que je ne l'aime pas mille fois davantage? Vous avez mis le premier des baisers sur son front, moi le premier j'y ai mis des larmes; vous êtes son mari, mais je suis son père, moi! Lorsqu'elle était toute petite et qu'elle ne me connaissait pas encore, je risquais ma liberté, ma vie, pour aller la voir aux promenades, pour venir l'admirer dans son berceau, chez la femme à qui je l'avais confiée; plus tard, je lui ai fait un cortége de treize hommes, prêts à tout pour lui épargner une douleur, une crainte, une larme; si je vis encore, mais c'est elle seule qui m'a donné le courage de vivre, et depuis quinze ans je ne songe qu'à une chose, à la possibilité de tuer le forçat, au bonheur de pouvoir l'avouer pour ma fille, et de la serrer dans mes bras, à la face du ciel et de la terre! Voilà comme je l'aime, moi, monsieur! et vous venez, Dieu me pardonne, me demander de renoncer à elle, et vous avez pu croire que je ne défendrais pas avec des ongles de lion, avec l'âme d'un père, mon seul bien, ma vie, ma fille! allons donc, vous êtes fou! plutôt que de la perdre volontairement, je brûlerais Paris!

CLÉMENCE.

Tu l'as entendu, Paul, et tu l'as compris, j'en suis sûre. Si coupable que tu puisses le croire, il y a en lui une ardeur de dévouement, une puissance d'affection qui finiront par te toucher un jour, par vous rapprocher, peut-être! il est vraiment impossible que deux âmes comme les vôtres soient irréconciliables!... Enfin, que te dirai-je de plus? c'est mon père! Grâce pour lui... grâce pour moi! (*Desmaretz demeure impassible.*) Mais c'est horrible!

FERRAGUS.

Oui, horrible! Certes, l'opinion du monde est digne de respect, mais il y a des moments où il ne faut pas lui immoler en aveugle tout ce que notre cœur contient de généreux et de clément!... Voyons, monsieur...

DESMARETZ.

Dois-je rester ou partir?

FERRAGUS.

Ah! maintenant qu'il n'y a plus entre nous de rapprochement possible, ce qu'il t'a dit, Clémence, je te le dis à mon tour. L'un de nous deux est de trop et doit disparaître, lui ou moi... Choisis!

CLÉMENCE.

Ah! tenez, vous êtes des bourreaux! Mais vous ne voyez donc pas que c'est sur mon pauvre cœur que frappe chacun de vos coups, et vous me torturez là tous les deux sans que rien puisse vous émouvoir et vous fléchir! Mais songez-y donc! cette odieuse préférence que vous me demandez, ce serait plus qu'un crime, ce serait une impiété!... Vous m'aimez, je le sais... Eh bien, moi aussi, je vous aime tous les deux... également... Et si vous vouliez laisser mes mains rapprocher les vôtres, la vie pourrait encore être belle pour nous trois... Le voulez-vous, dites... le voulez-vous?... De la glace... du marbre... le froid de la mort! Ah! que faire, que devenir? Repoussée par un mari, par un père, il me reste Dieu pour refuge, et là, tout à l'heure, au pied de l'autel il m'inspirera peut-être!... Ne me suivez pas!... je veux être seule avec Dieu!

DESMARETZ.

Clémence!

FERRAGUS.

Ma fille!...

CLÉMENCE, *comme inspirée.*

Avec Dieu! (*Arrivée au seuil de la porte, elle les arrête d'une main et de l'autre montre le ciel.*)

FIN DU TROISIÈME ACTE.

ACTE QUATRIÈME

PREMIER TABLEAU

NE TOUCHEZ PAS A LA HACHE

Un boudoir chez madame de Langeais.

SCÈNE PREMIÈRE

LA DUCHESSE, MADAME DE SÉRIZY.

MADAME DE SÉRIZY.

Ainsi, ma chère belle, vous êtes inflexible... Vous ne viendrez pas ce soir au bal de madame de Grandlieu?

LA DUCHESSE.

Mon Dieu, non... J'en avais l'intention pourtant, et vous le voyez, j'avais achevé ma toilette...

MADAME DE SÉRIZY.

Une toilette ravissante!

LA DUCHESSE.

Mais je ne me sens pas bien... J'ai mal aux nerfs et comme un germe de migraine... Aussi, je vais vite ôter tout cela, passer un peignoir, chausser des pantoufles et rester toute seule au coin du feu comme une boudeuse.

MADAME DE SÉRIZY.

Allons, je vous laisse... A bientôt, n'est-ce pas?

LA DUCHESSE.

A bientôt, chère, et beaucoup de plaisir, cette nuit.

MADAME DE SÉRIZY.

Merci! (*Revenant.*) Tenez, ma bonne Antoinette, pardonnez-moi d'insister encore... mais je suis pour vous une amie sincère, vous le savez...

LA DUCHESSE.

Je le sais.

MADAME DE SÉRIZY.

Eh bien, au nom de cette amitié, au nom de l'intérêt vrai que je vous porte, je vous conseille une dernière fois de venir à cette fête.

LA DUCHESSE.

Bon Dieu! quel ton solennel vous prenez là!...

MADAME DE SÉRIZY.

Une occasion s'offre de rentrer brillamment dans ce monde que depuis quelque temps vous semblez fuir de parti pris, et vous auriez tort de la laisser échapper : il est important, pour vous, de mettre fin, par votre présence, à certains bruits, à certaines suppositions...

LA DUCHESSE.

Vraiment?... Le monde est-il donc si à court de bavardage et de médisance, qu'il daigne s'occuper de ma chétive personne? Voyons, que peut-on dire de moi?

MADAME DE SÉRIZY.

On dit que si vous persistez à vous isoler de la sorte, à vous tenir chez vous comme séquestrée, c'est que vous avez peur!

LA DUCHESSE.

Peur!... et de quoi, je vous prie?

MADAME DE SÉRIZY.

Vous vous seriez attiré des haines implacables, vous seriez en butte à des menaces mystérieuses, que ni la puissance de vos relations, ni le crédit de votre famille, ni la police elle-même n'auraient pu parvenir à conjurer...

LA DUCHESSE.

Et..... depuis quand ces menaces m'auraient-elles été faites?

MADAME DE SÉRIZY.

Depuis la disparition de Clémence Desmaretz.

LE DUCHESSE, *tressaillant.*

Ah!

MADAME DE SÉRIZY.

Une tragique histoire, en vérité, que ces deux existences brisées, anéanties du jour au lendemain! Le mari, qui vend sa charge, donne tout son avoir aux pauvres, et va s'enterrer vivant au fond d'une province... La femme, qui disparaît sans qu'on sache ce qu'elle est devenue... Tout fait supposer qu'elle a cherché dans le suicide la fin de ses douleurs... Qu'avez-vous donc? Ah! je devine... Vous aurez appris l'odieuse accusation qu'on a osé faire peser sur vous! C'est pourtant vrai que cette vipère de madame d'Espard a eu l'audace de dire que vous étiez pour quelque chose dans cette double catastrophe... Mais je vous ai bien défendue, allez!

LA DUCHESSE.

Oh! je le crois.

MADAME DE SÉRIZY.

Cette conviction que j'ai de votre innocence, il faut l'imposer à tous; il faut, en vous montrant chez les Grandlieu dans tout votre éclat, calme, sereine, éblouissante, prouver publiquement que tous ces méchants bruits sont de pure invention, et faire évanouir, sous un de vos regards, ce fantôme des Treize, qu'on ose évoquer à cause de vous!

LA DUCHESSE.

Voyons, franchement.... est-ce que vous y croyez, vous, aux Treize?

MADAME DE SÉRIZY.

Mais pas le moins du monde.

LA DUCHESSE.

Ni moi, je vous le jure... et j'irai à ce bal!

MADAME DE SÉRIZY.

Vrai?

LA DUCHESSE.

Oui... ne fût-ce que pour accabler de tendresses la venimeuse madame d'Espard... Voilà comme je me venge!

MADAME DE SÉRIZY.

Vous êtes si bonne!

LA DUCHESSE.

N'est-ce pas?... Et... dites-moi, croyez-vous que monsieur de Funcal sera cette nuit chez les Grandlieu?

MADAME DE SÉRIZY.

Pas probablement, car il est absent de Paris.

LA DUCHESSE.

Ah! il est absent.

MADAME DE SÉRIZY.

Oh! mais rassurez-vous, chère belle, vous ne manquerez pas d'adorateurs; et sans parler du plus empressé de tous, monsieur de Montriveau, qui vous quitte si peu, soit dit en passant, qu'on l'a surnommé le planton de la duchesse, je connais un homme qui sera ravi de vous faire sa cour...

LA DUCHESSE.

Vraiment! qui donc?

MADAME DE SÉRIZY.

Eh! mon cher frère.

LA DUCHESSE.

Monsieur de Ronquerolles.

MADAME DE SÉRIZY.

C'est lui qui m'a engagée avec instance à venir vous décider...

LA DUCHESSE, *riant.*

Bon Dieu! mais c'est effrayant, cela.... Dites donc, Sérizy... s'il en était... des Treize!

MADAME DE SÉRIZY, *riant aussi.*

Dame! qui sait?

LA DUCHESSE, *même jeu.*

Et ne seriez-vous pas aussi une de leurs affiliées?...

MADAME DE SÉRIZY, *même jeu.*

Peut-être bien!...

LA DUCHESSE.

Savez-vous que c'est horrible d'être condamnée à voir comme cela des ennemis partout?

MADAME DE SÉRIZY.

Allons! embrassez-moi... Vous êtes charmante et je cours vous annoncer... A tout à l'heure.

LA DUCHESSE.

A tout à l'heure.

SCÈNE II

LA DUCHESSE, *seule, puis* UNE FEMME DE CHAMBRE.

LA DUCHESSE.

Des ennemis partout!... Ce que j'ai dit à cette femme en tâchant de sourire, c'est la vérité pourtant! J'en suis arrivée à me défier de tout le monde... Ce cercle d'espionnage qui enveloppait monsieur de Maulincour, je le sens peu à peu se rétrécir autour de moi! Il y a une atmosphère de menace et de haine qui m'entoure, qui m'oppresse, qui m'étouffe! (*A la Femme de chambre, qui est entrée sans bruit depuis quelques instants.*) Que voulez-vous?

LA FEMME DE CHAMBRE.

Ah! pardon... je cherchais madame la duchesse pour la prévenir que monsieur de Monriveau était au salon.

LA DUCHESSE.

C'est bien.

LA FEMME DE CHAMBRE.

Madame la duchesse n'a pas d'ordres à me donner?

LA DUCHESSE.

Ma voiture pour dix heures.... Ah! mademoiselle?

LA FEMME DE CHAMBRE.

Madame la duchesse?

LA DUCHESSE.

C'est, je crois, sur la recommandation de madame de Sérizy que vous êtes entrée chez moi depuis peu.

LA FEMME DE CHAMBRE.

Oui, madame, et je lui en suis bien reconnaissante à madame de Sérizy.

LA DUCHESSE.

Fort bien, mais si vous tenez à rester à mon service, n'imitez pas la femme de chambre qui vous a précédée... elle avait un horrible défaut.

LA FEMME DE CHAMBRE.

Lequel, madame?

LA DUCHESSE.

Elle écoutait aux portes.

LA FEMME DE CHAMBRE.

Ah! madame!...

LA DUCHESSE.

Laissez-moi. (*La Femme de chambre sort.*) Madame de Sérizy, la sœur de ce Ronquerolles qui a pour ami ce prétendu marquis de Funcal... quel intérêt peuvent-ils avoir à ce que j'aille à cette fête? Oh! n'importe, j'irai! Qu'ai-je à craindre tant que je suis aimée d'Armand, tant que je règne sans partage sur ce cœur si loyal, si dévoué, si docile? Et si j'allais me prendre à l'aimer... Non, non, je ne le dois pas... je ne le veux pas... Chassons cette pensée, et voyons si nous sommes présentable. (*Elle se dirige vers la glace et se retourne au bruit que fait une porte.*) Cette porte a remué comme si on cherchait à l'ouvrir... j'oublie qu'elle est condamnée... Ah! en vérité, il y a des instants où je me fais honte à moi-même! c'est que m'en voilà toute pâle... Eh! mais en somme, je trouve que cela ne me va pas trop mal, et j'espère que monsieur de Montriveau sera de mon avis... Allons! (*Elle entre dans le salon, la porte latérale s'ouvre doucement, et on voit paraître Ferragus, qui entre avec précaution et s'assure qu'il est seul.*)

SCÈNE III

FERRAGUS, *seul.*

Clémence, séparée de moi, perdue pour moi, morte peut-être... morte! et toutes ces ruines, toutes ces douleurs sont l'œuvre de cette femme que je ne peux châtier encore! L'amour de Monriveau se dresse entre elle et moi!.. une lutte ouverte avec Armand, lutte impie et douteuse à la fois, amènerait la désunion entre des hommes qui ne resteront forts qu'à la condition de rester unis; et cette lutte je ne l'engagerai qu'après avoir tout mis en œuvre pour arracher du cœur d'Armand cette passion insensée!... Réussirai-je? Oui... je l'espère... je le crois!... Il faut qu'il nous livre lui-même sa maîtresse, et il nous la livrera... Les voici... (*Il se cache.*)

SCÈNE IV.

MONRIVEAU, LA DUCHESSE.

LA DUCHESSE.

En vérité, général, vous êtes insupportable, ce soir!

MONRIVEAU.

Ah! c'est que c'est à perdre patience.

LA DUCHESSE.

Oh! par grâce, ne criez pas de la sorte... rien n'est plus mauvais genre, défaites-vous donc une fois pour toutes de ces habitudes de caserne... Voyons, vous n'avez point à sabrer une division ni à emporter une redoute... vous n'êtes point au milieu d'un désert, en face de quelque bête féroce, non, n'est-ce pas? Vous voilà tout bonnement à Paris, dans le faubourg Saint-Germain, chez une pauvre petite duchesse qui vous reçoit de son mieux, et il n'y a pas en tout ceci, vous en conviendrez, motif de crier à faire trembler les vitres.

MONRIVEAU.

Soit, madame, mais ce que je vous ai dit là, dans le salon...

LA DUCHESSE.

Je vous défie bien de me le répéter dans ce boudoir, par exemple.

MONRIVEAU.

Vous m'en défiez ?

LA DUCHESSE.

Mais oui.

MONRIVEAU.

Eh bien ! madame, voilà ce que je vous disais : Le jour où je serais convaincu que vous vous êtes jouée de mon amour, que vous avez pris plaisir à me torturer le cœur, que vous avez voulu tout simplement faire de moi une manière de plastron contre vos ennemis, ce jour-là, je serai capable de.....

LA DUCHESSE.

De quoi donc ?

MONRIVEAU.

De me venger cruellement.

LA DUCHESSE, *haussant les épaules.*

Si vous croyez que vous me faites peur ? (*Elle va se mettre au clavecin et se met à jouer un prélude avec indifférence.*) Vous savez, général, quand la crise sera passée, vous me le ferez dire...

MONRIVEAU, *à part.*

Ah ! c'est à égarer la raison... c'est à briser le cœur !... (*Il se laisse tomber avec accablement sur un siége, mais impressionné par le jeu de la Duchesse, il relève peu à peu la tête et se rapproche d'elle.*) J'ignorais qu'il y eût une telle émotion, une telle puissance, dans une musique de piano...

LA DUCHESSE, *se levant.*

Eh ! mon ami, vous ignorez aussi ce que vous me faites souffrir avec vos paroles violentes et vos injustes reproches. Mais c'est l'habitude, vous autres hommes, vous ne savez jamais rien...

MONRIVEAU.

Je sais que vous me refusez sans pitié le moindre sacrifice...

LA DUCHESSE.

Pourquoi voulez-vous me compromettre? Vous ne devez être qu'un ami pour moi.

MONRIVEAU.

N'être que votre ami? Mais, est-ce que c'est possible, madame? Sur la foi des douces heures que vous m'accordez quelquefois comme une aumône, je m'endors et je me réveille dans votre cœur; et vous, à chaque instant, sans motif, vous vous plaisez cruellement à tuer les espérances qui me font vivre! Voulez-vous donc me faire entendre que, semblable à toutes les coquettes, vous n'avez que des fantaisies et point d'amour! Pourquoi donc, alors, m'avez-vous demandé ma vie et l'avez-vous acceptée?

LA DUCHESSE.

J'ai eu tort, Armand... Oui, une honnête femme a toujours tort de se laisser aller à de tels enivrements lorsqu'elle ne peut ni ne doit les récompenser.

MONRIVEAU.

Je comprends... Ceci veut dire que vous m'avez trompé.

LA DUCHESSE.

Vous avoir trompé, moi? non, Armand, non, je vous aime... mais seulement comme il m'est permis de vous aimer... Voyons, tâchez d'être plus raisonnable; ai-je si grand tort d'avoir peur de vous et de vous tenir à distance? N'y a-t-il pas mille occasions où un homme ferait faire à une femme de ving-cinq ans bien des étourderies, bien des sottises...

MONRIVEAU.

La femme de vingt-cinq ans sait calculer à merveille.

LA DUCHESSE.

Vous serez mon ami, vous serez mon frère... Promettez-le-moi.

MONRIVEAU.

Non, non! je vous répète que c'est impossible!

LA DUCHESSE.

Armand! je vous ai donné mon estime, mon amitié, et me demander davantage, en vérité, ce serait folie!

MONRIVEAU.

Eh bien, oui, je ne suis qu'un insensé, peut-être; mais je vous aime, je vous adore! (*Il l'entoure de ses bras; elle se dégage moitié souriante, moitié fâchée.*)

LA DUCHESSE.

Voulez-vous me faire le plaisir de retourner à votre place?... plus loin... un peu plus loin... Vous ne voulez pas? Alors, c'est moi qui vous demanderai très-humblement la permission de prendre congé de vous.

MONRIVEAU.

Ainsi, vous me chassez?

LA DUCHESSE.

Mon Dieu, non, je ne vous chasse pas... je vous renvoie tout au plus... et le motif de cette cruauté, c'est que je vais au bal des Grandlieu... comprenez-vous? Les femmes du monde sont comme les militaires, elles ont aussi leurs corvées. (*Regardant la pendule.*) Dix heures!... Déjà si tard!... les salons vont être encombrés, et si je manque mon effet, ce sera votre faute, vilain bourru! Bonsoir...

MONRIVEAU.

Je vais vous accompagner.

LA DUCHESSE.

Ah! je vous le défends bien, par exemple... Allons, partez... moi je vais donner un dernier coup d'œil à ma toilette... Bonsoir, général...

MONRIVEAU.

Madame... (*Elle sort.*) La voilà partie, l'orgueil dans les yeux, un sourire sur les lèvres, et me laissant là, triste, humilié, désespéré... (*Ferragus rentre.*

SCÈNE V

MONRIVEAU, FERRAGUS.

MONRIVEAU, *l'apercevant.*

Ferragus, ici!

FERRAGUS.

J'ai voulu savoir jusqu'à quel point une coquette pouvait torturer un homme de cœur, et jusqu'où pouvait aller la patience de cet homme... d'un autre que toi, j'aurais dit la lâcheté...

MONRIVEAU.

Ferragus!

FERRAGUS.

J'ai le droit de parler ainsi, car je parle au nom de nos frères que tu abandonnes, que tu finirais par trahir peut-être, si on te laissait faire... Depuis que cette sirène s'est emparée de ton cœur et de ta raison, tu as comme déserté la cause que tu avais juré de servir; tu ne viens plus à nos réunions, tu ne prends plus souci des grands intérêts qui sont à la fois la force et la gloire des Treize!... A cette heure pourtant l'œuvre commune réclame ton intelligence et ton épée! Oui, sous les ordres d'un prince du sang, une armée française va entrer en Espagne, et il importe qu'un des principaux commandements de cette armée soit donné à un des nôtres... tu n'as plus qu'un mot à dire, qu'un pas à faire, pour que le roi t'appelle à ce poste d'honneur... Je viens chercher ta réponse.

MONRIVEAU.

Partir, moi! Quitter Paris en ce moment, m'éloigner de la France! Non, non, c'est impossible.

FERRAGUS.

Oh! maudit soit le jour où le démon a jeté sur tes pas cette courtisane titrée!... Pauvre fou! mais si tu avais la preuve que tu es joué par elle comme un enfant?

MONRIVEAU.

Si j'avais cette preuve...

FERRAGUS.

Oui!

MONRIVEAU.

Que veux-tu? Je douterais encore... Malgré tout, je crois qu'elle m'aime...

FERRAGUS.

Force-la de te l'avouer alors... arrache-lui un oui ou un non formel, irrévocable... Mais tu n'oseras pas tenter l'épreuve...

MONRIVEAU.

Je l'oserai!

FERRAGUS.

Quand?

MONRIVEAU.

C'est elle... à l'instant même!...

FERRAGUS.

C'est bien, je te laisse.

MONRIVEAU.

Va, va.

FERRAGUS.

J'attends. (*Il sort. Monriveau, pâle et résolu, se tient debout devant la cheminée.*)

SCÈNE VI

MONRIVEAU, LA DUCHESSE, *puis* FERRAGUS.

LA DUCHESSE.

Ah! que vous m'avez fait peur! Comment, général, c'est encore vous chez moi, à pareille heure?

MONRIVEAU.

N'y a-t-il donc aucun privilége pour un amant?

LA DUCHESSE.

Mais vous savez bien que vous n'êtes pas mon amant, monsieur... c'est d'un goût détestable!

MONRIVEAU.

Pardon, chère Antoinette, je suis votre amant!... de cœur sinon de fait, et mille soupçons mauvais me bouleversent l'esprit.

LA DUCHESSE.

Des soupçons, de vous à moi?

MONRIVEAU.

Des soupçons presque justifiés..... Si vous m'aimiez, me feriez-vous cette querelle? N'auriez-vous pas été contente de me revoir encore? N'auriez-vous pas senti je ne sais quel mouvement de cœur? Mais moi, moi qui n'ai pas une âme de femme, j'éprouve des tressaillements intimes au son de votre voix... l'envie de vous sauter au cou m'a souvent pris au milieu d'un bal !

LA DUCHESSE.

Si vous avez des soupçons tant que je ne vous aurai pas sauté au cou devant tout le monde, je crois que je serai soupçonnée pendant toute ma vie... Mais auprès de vous Othello n'est qu'un enfant, mon cher.

MONRIVEAU.

Ah ! je ne suis pas aimé ?

LA DUCHESSE.

Du moins, en ce moment, convenez que vous n'êtes pas aimable.

MONRIVEAU.

J'en suis donc encore à vous plaire ?

LA DUCHESSE.

Peut-être. Allons, taisez-vous, laissez-moi; mes gens pourraient vous entendre... Si vous n'avez pas le respect de ma personne, ayez au moins celui des convenances.

MONRIVEAU.

Les lois du monde n'existent pas devant un amour tel que le mien... Ne me parlez donc plus de convenances... Je le veux !

LA DUCHESSE.

Que signifie votre « Je le veux » ? Je le veux! personne ne m'a encore dit ce mot... Il me semble fort ridicule, parfaitement ridicule.

MONRIVEAU.

Et si, me fiant à vos promesses, j'exigeais...

LA DUCHESSE.

Vous me prouveriez que j'ai eu le plus grand tort de vous faire la plus légère promesse; en tout cas, je ne serais pas assez sotte pour la tenir, et je vous prierais de me laisser tranquille dorénavant. Il y a une chose qu'il faut que vous sachiez, monsieur le général d'armée, c'est que si les duchesses peuvent se prêter à l'amour, elles ne s'y donnent pas et que leur conquête est plus difficile à faire que celle de l'Europe.

MONRIVEAU.

Une dernière question, madame... Je ne suis pas aimé ?

LA DUCHESSE.

Quand cela serait ?

MONRIVEAU.

Répondez franchement... Je ne suis pas aimé ?

LA DUCHESSE.

A l'honneur de vous revoir, monsieur de Monriveau. (*Elle s'incline et s'éloigne.*)

MONRIVEAU.

Madame! (*La Duchesse s'arrête.*) Vous rappelez-vous la phrase que prononce le gardien de la tour de Londres, en montrant la hache avec laquelle un homme masqué trancha la tête de Charles premier?

LA DUCHESSE.

Quelle est cette phrase?

MONRIVEAU.

Ne touchez pas à la hache!

LA DUCHESSE.

Ah! oui, une vieille histoire... connue de tous ceux qui sont à Londres.

MONRIVEAU.

Une vieille histoire, qui est par circonstance très-neuve.

LA DUCHESSE.

Comment cela, de grâce? en quoi ?

MONRIVEAU.

En ce que vous avez touché à la hache, madame!

LA DUCHESSE.

C'est adorable!..... Et quand doit commencer mon supplice ?

MONRIVEAU.

Vous l'apprendrez cette nuit au bal des Grandlieu...

LA DUCHESSE.

Mille grâces... A tout à l'heure, général.

MONRIVEAU.

A tout à l'heure, madame! (*La Duchesse sort; Ferragus rentre.*) Je livre cette femme à la justice des Treize.

FERRAGUS, *à part.*

Enfin !

DEUXIÈME TABLEAU

LA CROIX DE LORRAINE

Ameublement simple, étrange et sévère; boiseries sans ornements et sans tableaux; à terre un tapis vert foncé. Un canapé bas, bordé d'une grecque rouge, une table et deux grands fauteuils en bois de chêne; sur la cheminée, deux triples flambeaux de forme égyptienne et une pendule offrant l'aspect d'un sphinx. Au fond, un grand rideau vert à franges rouges et noires.

SCÈNE PREMIÈRE

FERRAGUS, MONRIVEAU, DE MARSAY.

Au lever du rideau la scène est vide. Ferragus entre avec Monriveau, qui va s'asseoir à l'écart, la tête entre les mains, Ferragus l'observe en silence et va frapper à une porte latérale; De Marsay entre.)

FERRAGUS.

Eh bien, ami De Marsay, a-t-on ponctuellement exécuté mes ordres?

DE MARSAY.

Oui, maître.

FERRAGUS.

Tous les volets ont été fermés avec soin ?

DE MARSAY.

Oui, maître... et les rideaux aussi..

FERRAGUS.

De sorte qu'on ne pourrait apercevoir aucune lumière du dehors?

DE MARSAY.

Aucune.

FERRAGUS.

Si on frappe, vous laisserez enfoncer la porte plutôt que d'ouvrir.

DE MARSAY.

C'est convenu.

FERRAGUS.

Le réchaud est là, derrière cette tenture?

DE MARSAY.

Il y est.

FERRAGUS.

Allumé ?

DE MARSAY.

A plein feu! (*On voit briller un reflet rouge qui s'éteint aussitôt.*

FERRAGUS.

Bien.

DE MARSAY.

Et maintenant que me reste-t-il à faire?

FERRAGUS.

Il y a tout près d'ici, n'est-ce pas, un couvent de Sœurs-de-Bon-Secours?

DE MARSAY.

Juste en face de l'hôtel.

FERRAGUS.

Allez-y sans perdre une minute... Vous tirerez la sonnette de nuit, et on vous fera entrer ; vous demanderez à une sœur de vous accompagner pour assister quelqu'un, et vous introduirez cette sœur ici, dans la bibliothèque, en la priant d'attendre qu'on réclame ses soins... Vous avez bien compris ?

DE MARSAY.

Parfaitement... Est-ce tout ?

FERRAGUS.

C'est tout... Allez... (*De Marsay sort. Ferragus s'approche de Monriveau et lui touche l'épaule.*) Es-tu prêt, frère ?

MONRIVEAU.

Je suis prêt !

FERRAGUS, *ouvrant une porte latérale et élevant la voix.*

Entrez ! (*Deux Hommes masqués paraissent, portant la Duchesse de Langeais en toilette de bal et évanouie.*)

LUCIEN, *désignant le canapé.*

Plaçons-la ici... (*A Ferragus.*) Que faut-il faire maintenant ?

FERRAGUS.

Venez !...

RONQUEROLLES, *montrant Monriveau.*

Mais s'il faiblit ?...

FERRAGUS.

Nous serons là ! (*Ils passent derrière la tenture.*)

SCÈNE II

MONRIVEAU, LA DUCHESSE.

MONRIVEAU.

Elle est adorable ainsi !... Ah ! il y a dans cette femme une grande puissance ; mais elle ne s'en sert que pour le mal! Charme trompeur! Grâce menteuse! Le visage d'un ange, mais le cœur d'un démon!... *Il allume une cigarette et s'assied nonchalamment près de la table, les yeux rivés sur la Duchesse, qui se ranime peu à peu.*

LA DUCHESSE, *apercevant le Général.*

Monsieur de Monriveau! (*Regardant autour d'elle.*) Où suis-je donc?

MONRIVEAU.

Vous êtes chez moi.

LA DUCHESSE.

Chez vous...

MONRIVEAU.

Mon Dieu, oui, madame la duchesse.

LA DUCHESSE.

Mais c'est une indignité, monsieur, c'est une infamie.

MONRIVEAU.

Oh! ne criez pas, de grâce, j'ai la migraine... Les éclats de voix me font mal aux nerfs!

LA DUCHESSE.

Mais... il n'y a qu'un instant j'étais encore au bal chez madame de Grandlieu...

MONRIVEAU.

Et vous voilà maintenant chez moi, seule avec moi... Du reste, si vous désirez l'explication de ce qui est arrivé, je suis prêt à vous la donner, madame.

LA DUCHESSE.

Parlez.

MONRIVEAU.

J'étais aussi à ce bal, et en nous y rencontrant, nous avons échangé un regard, plus qu'un regard, un éclair!... Vos yeux cherchèrent à exprimer la froideur et l'impertinence, mais ils finirent par se baisser devant les miens, et pour cacher votre trouble, vous vous êtes mise à valser avec une sorte d'emportement, de fureur.

LA DUCHESSE, *à part.*

C'est vrai!

MONRIVEAU.

Mais malgré vous une sueur froide inonda votre front, une véritable terreur s'empara de vous, et alors, pour échapper à l'oppression morale et presque physique sous laquelle vous tenait mon regard, vous avez quitté précipitamment le salon.

LA DUCHESSE.

Oui...

MONRIVEAU.

Un de vos gens qui vous attendait vous mit votre pelisse et marcha devant vous pour faire avancer votre voiture, mais à peine y fûtes-vous montée, que deux hommes qui s'y trouvaient cachés vous jetèrent un mouchoir sur la bouche et vous dirent : « Si vous résistez, nous avons ordre de vous tuer. »

LA DUCHESSE.

Oui. Ensuite?

MONRIVEAU.

Les chevaux partirent à fond de train, et quand on vous enleva de la voiture pour vous transporter ici, vous aviez perdu connaissance... Vous vous trouvez mieux, je l'espère.

LA DUCHESSE.

Que comptez-vous faire de moi ?

MONRIVEAU, *lançant une bouffée de tabac.*

Rien du tout, madame. Vous êtes ici pour peu de temps. Je veux d'abord vous expliquer ce que vous êtes et ce que je suis. Chez vous, dans votre boudoir, je ne trouve pas de mots pour mes idées : j'ai la parole glacée par les convenances, la majesté de la migraine et les timidités de l'amour vrai !... Puis, à la moindre pensée qui vous déplaît, vous tirez le cordon de votre sonnette, et vous dites à un de vos laquais : « Reconduisez monsieur... » Ici, j'ai l'esprit libre : ici, personne ne peut me jeter à la porte : ici, vous aurez l'extrême bonté de m'écouter.

LA DUCHESSE.

Monsieur !

MONRIVEAU.

Ne craignez rien. Je ne vous ai pas enlevée pour obtenir de vous par violence un amour que je n'ai pas su mériter... Mais, pardon, madame, la fumée vous incommode peut-être?... Permettez-moi de brûler quelques parfums pour purifier l'air... (*Il allume une cassolette.*)

LA DUCHESSE, *à part.*

Me voilà seule avec lui... Et ses yeux, naguère si pleins d'amour, sont calmes et fixes comme deux étoiles! Suis-je donc la proie d'un horrible rêve?...

MONRIVEAU.

Asseyez-vous, madame, et écoutez-moi bien... Par je ne sais quelle capricieuse fantaisie, vous avez appelé l'amour: il est venu, pur et candide, autant qu'il peut l'être sur cette terre, aussi respectueux qu'il était violent, enfin si grand, qu'il était une folie! Vous vous êtes jouée de cet amour, vous avez commis un crime!... Attirer à soi, perfidement, un malheureux dont le cœur déborde, lui faire comprendre le bonheur dans toute sa plénitude pour le lui ravir... entasser tous les forfaits de la faiblesse contre une force innocente... tuer cet homme, non-seulement aujourd'hui, mais dans l'éternité de sa vie, en empoisonnant toutes ses heures et toutes ses pensées... voilà, je vous le répète, un épouvantable crime!

LA DUCHESSE.

Monsieur de Monriveau!

MONRIVEAU.

Ne m'interrompez pas! Lorsque dans Paris le bourreau a mis la main sur quelque meurtrier, vous ne pensez peut-être pas à prier pour lui, madame... Vous le devriez pourtant, car vous êtes vraiment de sa famille, à ce meurtrier!... Poussé par la misère ou par la vengeance, il n'a tué qu'un homme, et vous, vous avez tué le bonheur d'un homme.

LA DUCHESSE, *fondant en larmes.*

Armand! Armand!

MONRIVEAU.

Pourquoi pleurez-vous? Restez fidèle à votre nature

vous qui avez contemplé sans émotion les tortures du cœur que vous brisiez! Épargnez-vous ces pleurs... Si j'y croyais, ce serait pour m'en défier.

LA DUCHESSE.

Ne croyez pas, si vous voulez, à la sincérité de ces larmes, vous ne pouvez pas, vous ne devez pas y croire, mais ne soyez pas assez cruel pour les empêcher de couler ; elles me font tant de bien, qu'elles me rendent presque heureuse ! Elles jaillissent du plus profond de mon âme, allez! d'une âme qui s'ouvre et qui s'éclaire! Armand! Armand! (*Elle lui tend la main par un geste plein à la fois de noblesse et d'humilité; il refuse de la prendre.*)

MONRIVEAU.

Rien de vous n'a la puissance de m'émouvoir... Je ne vous aime plus, madame!

LA DUCHESSE, *avec explosion.*

Et si je vous aimais, moi?

MONRIVEAU.

Vous?

LA DUCHESSE.

Si je vous disais : J'ai été fausse, j'ai été lâche, j'ai été misérable, mais ce n'était pas la faute de mon cœur, allez ! Mais au fond de ces coquetteries, de ces résistances, de ces pudeurs même, de toutes ces faiblesses de la femme dont vous me faites autant de crimes, il y avait le germe d'une passion réelle, sérieuse, indomptable; il y avait une confiance absolue en ce caractère noble et fier dont vous m'avez donné tant de preuves; il y avait enfin je ne sais quel désir de rendre heureux un homme si violemment éprouvé! Si je vous disais cela, me croiriez-vous, Armand ? me croiriez-vous?

MONRIVEAU.

Je ne vous croirai pas!

LA DUCHESSE.

Je vous le dis pourtant, et vous me croirez, car il y a des accents qui ne trompent pas, et c'est avec toutes mes larmes, c'est avec tout mon cœur que je vous crie : Armand! je vous aime!... Et à cette heure, mon mari, ma famille, Paris, le monde entier seraient là pour m'entendre, que, prête à tous les châtiments, insensible à tous les anathèmes, je m'écrierais encore : C'est lui que j'aime! c'est lui! c'est lui!

MONRIVEAU.

Après la comédie des larmes, la comédie de l'amour!

LA DUCHESSE.

Oh! taisez-vous! ne parlez pas ainsi! car il est impossible que la vérité ne rayonne pas sur mon front, n'éclate pas dans mes regards!... J'ai combattu, Armand, j'ai résisté... mais me voilà! L'homme que j'ai rêvé, c'est vous! le maître que j'aime, c'est vous! et confiante dans l'avenir, confiante dans l'amour, je vois s'ouvrir toute une vie de bonheur! La force ne va pas sans la bonté, mon ami, et vous êtes trop fort pour vous faire méchant contre une pauvre femme qui implore son pardon, qui se repent, qui veut tout réparer! O mon Dieu! mon Dieu! il ne m'écoute seulement pas! Eh bien! tenez, Armand, la voici à vos pieds l'orgueilleuse duchesse, elle s'attache à vos mains, elle les baigne de ses pleurs, elle ose y appuyer ses lèvres!... elle vous crie : Grâce, grâce!...

MONRIVEAU, *avec émotion.*

Laissez-moi, madame, laissez-moi! (*Ferragus soulève un peu la tenture du fond, et à côté de lui apparaissent quelques silhouettes humaines, vivement éclairées par un reflet rouge.*) Il est trop tard!

SCÈNE III

LES MÊMES, FERRAGUS.

LA DUCHESSE.

Ah! que veulent ces hommes? *La tenture retombe.* Ces spectres?...

MONRIVEAU.

Ces hommes vous ont jugée et condamnée, madame!

LA DUCHESSE.

Armand! si c'est ma vie que vous voulez je vous la donne, vous ne la prendrez pas!

MONRIVEAU.

Vous vivrez, madame; mais je ne veux pas que vous puissiez torturer d'autres cœurs comme vous avez torturé le mien, et pour cela il faut que le châtiment du mal que vous avez fait soit visible à tous les yeux! (*Lui montrant une croix adaptée au bout d'une tige d'acier.*) Mes amis font rougir une croix de Lorraine, dont voici le modèle : nous vous l'appliquerons là, bien au milieu du front, pour que vous ne puissiez la cacher par quelques diamants, et vous porterez ainsi à jamais la marque ineffaçable de la justice des Treize! (*Ferragus a reparu avec les Hommes masqués.*)

LA DUCHESSE, *avec exaltation.*

Venez donc, messieurs, venez marquer la duchesse de Langeais! et que ce chiffre rouge la lie pour toujours à monsieur de Monriveau! Mon front brûle plus que votre fer! J'attends. (*Ils font un pas vers la Duchesse.*)

MONRIVEAU.

Non! non! c'est impossible!

FERRAGUS.

Mais tu as juré!

MONRIVEAU.

Arrêtez!

FERRAGUS.

Lâche cœur!

MONRIVEAU.

Ah! Dieu soit loué, c'était au-dessus de mes forces! Mais sortez donc!... j'ai pardonné!

FERRAGUS.

Je ne pardonne pas, moi, et tu vas quitter Paris sans perdre une minute pour aller prendre possession de ton commandement; deux de nos frères ont mission de t'accompagner jusqu'à la frontière d'Espagne...

MONRIVEAU.

Et tu as pu croire que je partirais... que j'abandonnerais cette femme?...

FERRAGUS.

Cette femme est condamnée.

MONRIVEAU.

Oh! je saurai la défendre contre toi, contre vous tous! (*Il saisit deux pistolets sur la table.*)

FERRAGUS.

Eh bien, obéissez à votre chef. (*Les Affiliés se précipitent sur Monriveau.*)

MONRIVEAU.

Trahison! à moi! misérables! à moi! (*Ils le désarment, le bâillonnent et l'entraînent.*)

LA DUCHESSE.

Ah! c'est horrible! Armand! Armand!

FERRAGUS.

Vous ne le reverrez jamais!

LA DUCHESSE.

Je me sens mourir!..

FERRAGUS, *à part, entr'ouvrant une porte latérale.*

La religieuse est là, c'est bien!

SCENE IV

FERRAGUS, LA DUCHESSE.

FERRAGUS.

Et maintenant, répondez-moi, qu'avez-vous fait de Clémence Desmaretz?

LA DUCHESSE.

Clémence?

FERRAGUS.

Qu'est-elle devenue?

LA DUCHESSE.

Mais j'ignore...

FERRAGUS.

Depuis qu'en vous jouant, le sourire aux lèvres, vous avez, du bout de votre éventail, brisé trois existences, savez-vous ce qui s'est passé? Clémence a disparu, et si l'homme qui vous parle n'a pas retrouvé ses traces, madame, c'est qu'elle est morte!

LA DUCHESSE.

Morte!... Oh! non!... non.... je confesse ma faute, je maudis mon crime, mais il y a au fond de mon cœur une voix qui me crie que le passé n'est pas irréparable!..

FERRAGUS.

Je dis qu'elle est morte et que vous l'avez tuée!

LA DUCHESSE.

Ah! grâce!

FERRAGUS.

Il n'y a plus ici un amant qui est faible et qui pardonne, il y a un père qui est fort et qui frappe!

LA DUCHESSE.

Un père, vous?

FERRAGUS.

Oui, moi, Ferragus! je vous ai dit une fois comment je m'étais vengé du duc de Navarreins! mais ce que vous ne savez pas encore, c'est que votre noble mère, qui fut ma maîtresse, m'avait donné une fille, et que cette fille se nommait....

LA DUCHESSE, *avec un cri.*

Clémence!

FERRAGUS.

Oui, Clémence, votre sœur!

LA DUCHESSE.

Elle! elle!

FERRAGUS.

Fratricide! fratricide!

LA DUCHESSE.

Grâce! grâce! j'étais folle, je ne savais rien .. et puis, je n'aimais pas alors!... Mais maintenant j'ai horreur de mon passé... je l'expierai à force de larmes, de regrets, de repentir!... Accordez-moi quelques semaines, quelques jours, quelques heures seulement... et je la retrouverai, et je vous la rendrai, et je l'aimerai... Voulez-vous? voulez-vous?

FERRAGUS.

Il est trop tard pour le repentir, trop tard pour la prière! et en vous inftligeant le supplice que l'amant vous a épargné, la main du père ne tremblera pas! *(Saisissant la croix rougie au feu.)* Antoinette de Navarreins, duchesse de Langeais, tu es condamnée à porter sur le front la marque de Caïn!...

LA DUCHESSE, *éperdue.*

A moi! grâce! au secours!

FERRAGUS, *la poursuivant.*

Pas de pitié pour celle qui a été sans pitié!...

LA DUCHESSE.

Mais qui donc me protégera? qui donc me sauvera? *(Une porte s'ouvre, et Clémence apparaît portant l'habit des sœurs de Bon Secours.)*

SCÈNE V

LES MÊMES, CLÉMENCE, *puis* RONQUEROLLES, DE MARSAY, LUCIEN *et quelques* AFFILIÉS.

CLÉMENCE.

Venez! *(Elle court à la Duchesse et l'entraîne.)* Venez!... *(La porte se referme sur elles.)*

FERRAGUS.

Ah! Clémence!... Est-ce une vision? Non! c'était elle! c'était bien elle! *(S'élançant vers la porte, qu'il ébranle.)* Là! là! *(Ronquerolles accourt avec les Affiliés.)*

RONQUEROLLES.

Ferragus!

FERRAGUS.

Ah! cette porte, je la briserai!

RONQUEROLLES.

L'hôtel est envahi! il y a ordre du roi d'arrêter tous ceux qui s'y trouvent!... Fuyons!...

FERRAGUS.

Ne l'avoir retrouvée que pour la perdre encore!... non, non, c'est impossible!

RONQUEROLLES.

Au nom des Treize, viens!...

FERRAGUS.

Partez, vous! partez! (*Ils disparaissent par plusieurs issues.*) Moi, je la retrouverai! (*Forçant la porte par laquelle est sortie Clémence.*) Je la retrouverai!...

FIN DU QUATRIÈME ACTE.

ACTE CINQUIÈME

L'ESCALADE DU COUVENT

Une côte sauvage et tourmentée : le théâtre est presque entièrement envahi par les vagues agitées, d'où sortent, de distance en distance, quelques roches verdâtres et quelques monceaux de sable. — A droite, en fer à cheval, falaises à pic, escarpements immenses dont on ne voit pas même la cime. — Au fond, la mer bondissante et un ciel houleux, sillonné d'éclairs.

SCÈNE PREMIÈRE

RONQUEROLLES, *seul, puis* DE MARSAY, LUCIEN, AFFILIÉS.

RONQUEROLLES.

On y voit à peine et cette rampe est escarpée en diable... Enfin, je ne me suis pas trompé de route et me voici revenu au pied de l'escarpement sur lequel est bâti le couvent de Santa-Teresa... Je viens d'explorer les environs avec soin, tout y est d'une tranquillité parfaite, et personne ne se doute en haut de ce qui se trame en bas... Quel temps !.. quelle nuit!... vive Dieu! Les Treize ne pouvaient mieux choisir pour ce qu'ils ont à faire!... Voyons un peu où en sont nos mystérieux travailleurs?...

DE MARSAY, *s'approchant.*

Qui vient là?

RONQUEROLLES.

Eh! c'est moi, pardieu!..

DE MARSAY.

Ronquerolles!... (*Ils se serrent la main.*)

RONQUEROLLES.

Nous n'attendions plus que toi...

DE MARSAY.

Me voilà !...

RONQUEROLLES.

Et Monriveau ?

DE MARSAY.

Il m'envoie vous dire qu'il sera ici dans un quart d'heure avec l'embarcation.

RONQUEROLLES, *aux Affiliés, qui n'ont cessé de se mouvoir comme des ombres à travers les roches et le long de l'escarpement.*

Vous entendez, camarades... que tout soit prêt pour le recevoir...

LUCIEN.

Tout sera prêt.

DE MARSAY.

Arrivé le dernier au rendez-vous des Treize, je suis très-peu au courant de ce qui se passe... et je compte sur toi pour me renseigner.

RONQUEROLLES.

Quelques mots suffiront... Après les scènes terribles de l'hôtel Maulincour, plusieurs de nos frères, qui regrettaient d'avoir prêté la main aux violences de Ferragus, se joignirent à moi pour retrouver les traces de la duchesse de Langeais, et, du fond de l'Espagne, Monriveau, plus amoureux que jamais, ne cessait d'encourager nos efforts.

DE MARSAY.

Sauvée par Clémence Desmaretz, la duchesse n'avait-elle pas trouvé asile dans le couvent des Sœurs-de-Bon-Secours ?...

RONQUEROLLES.

Oui, mais elles n'y étaient restées ni l'une ni l'autre, et il fut impossible de découvrir leur nouvelle retraite ; après avoir fouillé tous les cloîtres de France, d'Espagne, d'Italie, nous commencions à désespérer, lorsque dernièrement, par hasard, à Cadix, où le retenaient ses blessures, Monriveau entendit parler de ce couvent perdu au milieu des vagues et qui avait échappé à nos recherches : il partit aussitôt, frappé du pressentiment que la duchesse devait être ici...

DE MARSAY.

Religieuse ?

RONQUEROLLES.

Non, par bonheur, elle n'avait pas encore prononcé ses vœux .. Il parvint à la voir, à lui parler ; il lui apprit que monsieur de Langeais était mort, qu'elle était libre ; et, certain d'être toujours aimé, il résolut de l'arracher malgré elle de ce tombeau où elle voulait s'ensevelir vivante...

DE MARSAY.

L'entreprise offrait mille difficultés, mille périls...

RONQUEROLLES.

Oui, mais Monriveau sait qu'il n'y a rien d'impossible pour les Treize ; il nous appela à son aide, et avant une heure, la duchesse, mystérieusement enlevée de sa cellule, sans bruit, sans scandale, sera conduite par le général à bord du brick qui doit les emporter au fond du nouveau monde.

DE MARSAY.

Pourvu qu'il ne survienne pas d'obstacles inattendus!..

RONQUEROLLES.

Rapprochons nous de nos amis. (*A Lucien.*) Avancez-vous, camarades?...

LUCIEN.

Péniblement, mais tout va bien. (*A la cantonade.*) Il ne reste plus qu'à fixer l'échelle de cordes aux crampons de fer. . Faites vite !

RONQUEROLLES.

Dis-moi, Lucien, est-on parvenu au niveau du couvent ?

LUCIEN.

Presque...

RONQUEROLLES.

Comment?... presque?... Mais nous ne sommes pas prêts, alors .. Qui vous arrête?...

LUCIEN.

Eh ! pardieu ! une maudite surplombe que nous avons trouvée à quelques mètres de la cime et qui nous ferme tout à fait le passage.

RONQUEROLLES.

Comment faire ?...

LUCIEN.

Bah ! quelques kilogrammes de poudre vont suffire pour tout niveler...

RONQUEROLLES.

Si la détonation allait jeter l'alarme dans l'île...

DE MARSAY.

Et nous faire découvrir ?...

LUCIEN.

Non !... Le vent qui souffle avec violence emportera le bruit du côté de la mer, et le peu de personnes qui pourraient l'entendre prendront cela tout au plus pour le canon d'un navire qui passe au large.

DE MARSAY.

Et puis, au fait, c'est le seul moyen de nous tirer d'embarras.

RONQUEROLLES.

Oui, tu as raison...

LUCIEN.

Je vais donner le signal... Mettez-vous à l'abri sous ces roches... (*Ils se groupent à l'écart; Lucien disparaît un instant, et une forte détonation se fait entendre.*)

RONQUEROLLES.

Eh bien ?...

LUCIEN, *rentrant.*

La route est libre... Voyez !

DE MARSAY.

C'est vrai !

RONQUEROLLES.

Et voici le général... Hurrah pour les Treize !

TOUS.

Hurrah !... (*Ils agitent leurs chapeaux avec joie. Debout dans la barque, Monriveau agite aussi le sien, puis, sautant de banc en banc, de roche en roche, il arrive au milieu de ses amis.*)

SCÈNE II

LES MÊMES, MONRIVEAU.

MONRIVEAU.

Mes amis, mes frères ! ce cri de victoire m'apprend que tout est terminé !

RONQUEROLLES.

Tout !... Tu nous avais dit : Il faut qu'avant un mois, et sans être découverts, ni même soupçonnés, nous puissions pénétrer dans le couvent par cette falaise inaccessible pour tous... Nous te disons aujourd'hui : Le chemin est frayé, marche, nous sommes prêts à te suivre !

MONRIVEAU.

Merci !... Ah ! c'est vraiment merveilleux, et les Titans de l'antiquité n'étaient que des enfants auprès de vous !

RONQUEROLLES.

Il eût été fier aussi de l'œuvre surhumaine que nous venons d'accomplir, lui, le hardi, l'intrépide, l'homme des folles audaces, des coups de main désespérés... Ferragus, enfin !

MONRIVEAU.

Ferragus !... Nul de vous ne l'a-t-il revu ?

TOUS.

Non !

RONQUEROLLES.

Depuis plus d'une année il a disparu tout à coup, sans que nous ayons pu savoir ce qu'il était devenu... Aussi, tu vois, c'est la première fois peut-être que nous mentons à notre chiffre fatal... nous ne sommes que douze !

SCÈNE III

LES MÊMES, FERRAGUS.

FERRAGUS, *se dressant à la cime d'une roche.*

Nous sommes treize !...

TOUS.

Ferragus !...

FERRAGUS.

Oui, Ferragus, qui, épiant tous vos pas dans l'ombre, n'a pas cessé d'assister, invisible, à vos travaux, et qui vient vous dire maintenant : C'est à moi seul qu'il faut obéir...

MONRIVEAU.

Allons donc !...

FERRAGUS.

A moi seul ! Ne suis-je pas votre chef?... Qui donc oserait me contester ce titre souverain ?

MONRIVEAU.

Moi!... car tu l'as abdiqué de fait en disparaissant du milieu de nous, et ce titre, c'est à un autre qu'il appartient désormais... Le chef des Treize s'appelle aujourd'hui Armand de Monriveau.

FERRAGUS.

Armand de Monriveau est un parjure et un traître !...

MONRIVEAU.

Misérable !...

FERRAGUS.

N'a-t-il pas, en effet, manqué à ses serments?... N'a-t-il pas déchiré le pacte qui nous liait ? N'a-t-il pas, égaré par une folle passion, déshonoré notre œuvre en la détournant de son but ?...

MONRIVEAU.

Compagnons, vous n'écouterez pas cet homme !...

FERRAGUS.

Si, vous m'écouterez, car ce que je vous dis, j'ai le droit de le dire ! Un jugement a été prononcé par les Treize, accepté par Monriveau lui-même, et Monriveau n'a pas plus le pouvoir de faire grâce aujourd'hui qu'il ne l'avait autrefois!... Dans ce couvent il y a deux femmes, une innocente et une coupable; la coupable, c'est la duchesse de Langeais; l'autre, c'est Clémence, c'est ma fille, que vous avez toujours protégée, ma fille, que vous allez me rendre, vous qui ne m'avez jamais trahi...

MONRIVEAU.

Vous hésitez, compagnons, vous hésitez entre nous?... Eh bien, il y a un moyen de terminer promptement cette lutte..

FERRAGUS.

C'est que l'un de nous deux meure, n'est-ce pas?...

MONRIVEAU.

Oui...

FERRAGUS, *montrant des pistolets à sa ceinture.*

Tu vois, je t'avais deviné.

RONQUEROLLES.

Monriveau!

DE MARSAY *et* LUCIEN.

Ferragus!...

RONQUEROLLES.

Ne reste-t-il donc aucun espoir de concilier vos intérêts?

LUCIEN.

D'apaiser vos ressentiments?...

FERRAGUS.

Non!...

DE MARSAY.

De rapprocher deux hommes qui furent si longtemps frères?

FERRAGUS.

Non!...

MONRIVEAU.

L'un de ces hommes est de trop sur la terre.

RONQUEROLLES.

Mais c'est un combat monstrueux! c'est un duel impie...

FERRAGUS.

Non, pas un duel, mais le jugement de Dieu!

RONQUEROLLES.

Comment ?...

FERRAGUS.

Prenez ces pistolets dont un seul est chargé, offrez-les à monsieur de Monriveau pour qu'il choisisse... Bien... Maintenant, rendez-moi l'autre!... A présent nous monterons sur ce rocher, nous nous tiendrons le canon de l'arme sur le cœur... Ronquerolles frappera trois coups dans ses mains, une explosion se fera entendre et un cadavre tombera à la mer...

MONRIVEAU.

Allons!... (*Tout se passe comme Ferragus l'a indiqué.*)

FERRAGUS.

Quant à vous, compagnons, jurez d'obéir au survivant comme à votre seul, à votre véritable chef!...

MONRIVEAU.

Jurez!...

TOUS.

Nous le jurons!

MONRIVEAU.

Le signal!... (*Ronquerolles a déjà frappé un coup dans ses mains, lorsque les sons de l'orgue se font entendre au-dessus de leurs têtes.*)

RONQUEROLLES.

Écoutez donc! ce sont les psaumes des agonisants...

FERRAGUS.

Oui!

MONRIVEAU.

Grand Dieu!

FERRAGUS.

Qui donc va mourir?

MONRIVEAU.

Antoinette!

FERRAGUS.

Clémence!... (*Il jette son arme, et, prompt comme la pensée, il s'élance à travers l'escarpement qu'il gravit.*)

MONRIVEAU.

Je voudrais le suivre, mais je ne peux pas, mon Dieu, je

ne peux pas... ces blessures ont épuisé mes forces; mes jambes fléchissent, mon cœur s'éteint... Oh! mais allez, vous autres, allez vite! j'ai le pressentiment d'un horrible malheur, et ce malheur il faut l'empêcher à tout prix! De Marsay, Ronquerolles, mes compagnons, mes frères, suivez cet homme!... Je vous en conjure au nom de notre amitié, au nom du pacte qui nous lie! sauvez-la! sauvez-la! Vous hésitez... Vous refusez? Ah! tenez, vous n'êtes pas mes amis, vous n'êtes que les esclaves de Ferragus! Eh bien, soit, restez, j'irai moi-même! Il le faut! il le faut! (*On voit Ferragus redescendre le long des roches. Il porte dans ses bras une femme vêtue de blanc et voilée.*)

DE MARSAY.

Arrête, Armand... Regardez tous... (*Ils suivent avec anxiété les mouvements de Ferragus.*)

SCÈNE IV

LES MÊMES, LA DUCHESSE.

FERRAGUS.

Monsieur de Monriveau, voici la duchesse de Langeais.

MONRIVEAU.

Ah! malheur à toi, si ce n'est plus qu'un cadavre!...

LA DUCHESSE, *revenant à elle.*

Armand!... Armand!...

MONRIVEAU.

Vivante! vivante!

LA DUCHESSE.

Que s'est-il donc passé?... Ah! je me souviens... j'étais au chevet de Clémence à l'agonie, quand cet homme est entré, la menace dans les yeux, et a poussé un cri de rage en s'élançant vers moi... « Pardonnez, mon père!.. » a murmuré Clémence en expirant... Alors je me suis jetée sur le corps de ma pauvre sœur, en l'étreignant de mes bras, en la baignant de mes larmes... et puis... je ne me rappelle plus rien... je m'étais évanouie, sans doute...

FERRAGUS.

Obéissant au dernier vœu de l'ange qui remontait au ciel, j'ai pardonné, madame, et je suis venu vous rendre à celui qui vous aime... Soyez heureuse, vous qui pouvez l'être encore !

MONRIVEAU, *étreignant les mains de Ferragus.*

Ferragus !... mon frère ! mon sauveur !

FERRAGUS.

Et maintenant, partez, vous que la Providence protége... partez vite... un double danger vous menace... la tempête éclate avec fureur et l'alarme est donnée dans l'île... Le tocsin sonne et le canon du brick vous rappelle à bord !

MONRIVEAU.

Viens avec nous, frère, nous te consolerons, nous t'aimerons !...

FERRAGUS.

Où elle est morte, je mourrai !... Partez !. . (*Monriveau a fait entrer la Duchesse dans la barque où ses compagnons ont pris place.*)

LA DUCHESSE.

Partir sans lui... jamais... Sauvez-le, Armand, sauvez-le malgré lui...

MONRIVEAU.

Oh ! oui, oui ! entraînons-le de force dans la barque...

LA DUCHESSE.

Courage, courage !

FERRAGUS.

Adieu éternel !... (*Il repousse du pied l'embarcation que la mer entraîne et reste sur le haut d'un rocher, au milieu des éclairs et des vagues furieuses.*) En attendant la mort, courbe le front, orgueilleux ! plie le genou, rebelle !. . Dieu seul est fort !...

FIN.

Paris. — Typ. Morris et Comp., rue Amelot, 64.

www.ingramcontent.com/pod-product-compliance
Ingram Content Group UK Ltd.
Pitfield, Milton Keynes, MK11 3LW, UK
UKHW020920180726
13838UKWH00002B/665

9 782329 365053